TUA'R GORLLEWIN …
COFIANT T. LLEW JONES

Tua'r Gorllewin ...
Cofiant T. Llew Jones

Idris Reynolds

Cyhoeddiadau Barddas
2011

© Idris Reynolds
Argraffiad cyntaf: 2011
ISBN 978-1-906396-37-4

Cedwir pob hawl. Ni chaniateir atgynhyrchu unrhyw ran o'r cyhoeddiad hwn na'i gadw mewn cyfundrefn adferadwy na'i drosglwyddo mewn unrhyw ddull na thrwy unrhyw gyfrwng electronig, electrostatig, tap magnetig, mecanyddol, ffotogopïo, recordio, nac fel arall, heb ganiatâd ymlaen llaw gan y cyhoeddwyr.

Cyhoeddwyd gyda chymorth ariannol Cyngor Llyfrau Cymru

Cyhoeddwyd gan Gyhoeddiadau Barddas
Argraffwyd gan Wasg Dinefwr, Llandybïe

Carwn ddiolch o galon i'r canlynol:

Cyhoeddiadau Barddas am gomisiynu a chyhoeddi'r gyfrol,

Emyr a Iolo, meibion T. Llew Jones, a'i chwaer Megan am eu cefnogaeth barod,

cyfeillion eraill a fu'n rhannu eu hatgofion amdano gyda mi,

staff Llyfrgell Genedlaethol Cymru, Llyfrgell Ceredigion a Llyfrgell Prifysgol Cymru: y Drindod Dewi Sant am bob cymorth llyfryddol,

Angharad Dafis am ei golygu trylwyr, ac am lawer awgrym gwerthfawr,

Dafydd Llwyd am ddylunio'r clawr a chysodi'r testun,

Elsie am ei hanogaeth, ei chynghorion buddiol ac am ei harbenigedd gyda'r dechnoleg fodern.

Cyhoeddir y dyfyniadau o waith T. Llew Jones gyda chaniatâd caredig Emyr a Iolo.

Rhagair

Braint yw cael dweud gair am y gyfrol hon sy'n gofnod ac yn werthfawrogiad o fywyd a gwaith fy nhad, T. Llew Jones.

Ni allesid cael neb gwell nag Idris Reynolds i ysgrifennu'r gyfrol. Cafodd Idris ei fagu yn yr un gymdeithas, datblygu'n brifardd ei hun a mwynhau cwmnïaeth T. Llew Jones a Dic Jones a bod yn gyfaill i'r ddau ohonyn nhw.

Mae bywyd pob un ohonom ni yn rhan o fywydau'r bobl a'r gymdeithas o'n cwmpas. Fe geir yn y portread yma ddarlun o T. Llew Jones ei hun ym mlaen y llun, ond yn rhan o'r llun hefyd y mae'r cymeriadau hynny oedd yn lliwio'i fywyd – ei dad, y gwehydd a chanddo gyfrol o farddoniaeth Dewi Emrys yn ei boced; ei fam weddw dlawd yn ymdrechu i fagu teulu ar adnoddau prin; Alun Cilie y bardd-amaethwr a Moss ei gi; Waldo annwyl a'i drafferthion; Tom Stephens, y dyn oedd yn noddwr pob da, a llu o bobl eraill teilwng eu coffáu. Mae Idris hefyd yn y llun oherwydd ei arddull gain a'i sensitifrwydd a'i frwdfrydedd ef sy'n goleuo'r darlun i gyd.

Fe wnaeth Idris ymchwil manwl iawn i fywyd a gwaith T. Llew Jones, ac mi greda i fod y portread ohono a geir yn y gyfrol yn bortread gonest a chywir, ac mae honno'n gamp fawr. Mae Iolo a minnau yn ddiolchgar iawn iddo am lunio cofiant sy'n werthfawrogiad teilwng y byddai T. Llew Jones ei hun yn falch ohono.

Emyr Llywelyn

Cynnwys

Fuoch chi yng Nghwm Alltcafan …?	11
Y ffordd beryglus	27
Y gwron o Dalgarreg	47
Un noson dywyll	61
Penillion y plant	75
Y ceiliog mwyalch	91
Geiriau a gerais	109
A chwaraei di wyddbwyll?	123
Lleuad yn olau	145
Fy mhobol i	159
Sŵn y malu	177
Canu'n iach!	197

Fuoch chi yng Nghwm Alltcafan ...?

Bu gan y gorllewin ei apêl arbennig i'r ysbryd ifanc er y machlud cyntaf un. Denwyd yr anturus erioed gan y fro led chwedlonol hon ar y ffin rhwng realiti a thiroedd y dychymyg. Bro'r cyrion ydyw o lonydd troellog cul nad ŷnt yn rhan o rwydwaith sarnau'r Rhufeiniaid na thraffyrdd llydain Saeson yr oes sydd ohoni. Ond eto mae'r baradwys gyfrin hon o fewn cyrraedd y sawl sy'n barod i chwilio amdani.

Nid oes ryfedd i T. Llew Jones agor un o'i hir-a-thoddeidiau enwocaf â'r llinell 'Tua'r gorllewin mae bro eithinog'. Os yw'r fro hon yn faterol dlawd, mae'n gyfoethog o bobl ac o lên gwerin. Ynddi, fel yn y Pedair Cainc, mae afon ddofn yn ymddolennu ar ei thaith heibio Banc y Warin tua'r môr a chrud yr hen chwedlau yn ein gwahodd i ryw Dír na n-Óg dros y gorwel. Hyd lannau'r afon mae'r helwyr â'u cŵn pengoch yn hela'r Twrch Trwyth, y cyryglwyr yn rhwydo'r eogiaid a Tom Ffynnon-groes, brenin yr afon, â'i bast a'i wastfach yn nôl ei swper. Deil melinau'r ffatrïoedd gwlân i droi, mae siop Bwlchmelyn ar agor, a gwehydd a chrydd, tyddynnwr a bardd gwlad yn dilyn eu crefft yn ôl y galw. O dro i dro ceir cip ar Ddafydd ap Gwilym yn cywydda'i ffordd at ei ewythr yn y Castell Newydd yn Emlyn a bydd merched gosgeiddig fel Rhiannon a Nest yn llechu yn y cysgodion.

Uwchlaw'r dyffryn, yn ysgoldy Capel Mair, bydd Mishtir yn adrodd stori i'r plant a draw ar y gorwel gwelir tŵr eglwys Llangynllo a'i geiliog gwynt yn ymestyn tua'r nen. Ar yr awel clywir sŵn chwarae plant ysgolion Tre-groes a Choed-y-bryn a'u Dyfedeg hudolus yn fiwsig i'r glust. Hyd dafarndai'r arfordir bydd cyfarwyddiaid yn adrodd eu chwedlau wrth y bar fesul peint a beirdd yn cynganeddu'r nos Sadwrn i gyfeiliant y llanw a'r trai. Ar ddolydd Teifi bydd gêm griced ar ei hanner a Twm Bercoed yn bowlio a Dai Bwlchafallen yn cyrcydu tu ôl i'r wiced rhwng dau olau a thros y gefnen bydd maes San Helen yn dal i ddenu'r troellwr at y llain. Mewn cilfachau rhwng Drws y Coed a thraeth Cwmtudu bydd carafán sipsiwn a Gwersyll yr Urdd, clwb gwyddbwyll a Gwasg Gomer ynghyd â phlas ac ogof a chwm a chomin i danio'r dychymyg. Bydd croesair i'w gwblhau, gwers i'w pharatoi, lawnt i'w thorri, cynnyrch eisteddfod i'w feirniadu, cynhadledd wyddbwyll i'w threfnu, cymdeithas Merched y Wawr i'w hannerch ac englyn i'w weithio. Bydd aderyn du yn canu ei henaid hi o Allt Tre-dŵr a'r hen fasarnen tu allan i'r ffenestr yn ei gogoniant. Yn hwyr y nos bydd golau yn y stydi, teipiadur dau fys yn clecian a chilcyn o gaws a gwydraid o chwisgi o fewn cyrraedd penelin. A phan fydd y plant yn ddiogel yn eu gwlâu bydd ysbrydion y nos yn cyniwair a than garthen y tywyllwch bydd symudiadau'r smyglwr a'r potsiar a'r lleidr pen ffordd yn ychwanegu at gyfaredd y fro ramantus hon.

Ac yno, yn y gorllewin hwn, y mae dod o hyd i drysorau cudd T. Llew Jones. O fewn y diriogaeth hon mae yna geyrydd o gariad, o Fwlchmelyn i Dŷ'r Ysgol, o Iet Wen i Ddôl Nant, yr aelwydydd hynny o ddedwyddwch teuluol a roes iddo'r tawelwch meddwl a'r cyfle i ddilyn ei reddf greadigol. Yno lle bu ei fam a'i fam-gu, a'i wraig, Marged, a'r ddau fab, Emyr a Iolo, yn symbyliad cyson iddo, mae bro a bywyd T. Llew Jones. Dyma'i Gwm Alltcafan:

Fuoch chi yng Nghwm Alltcafan
Lle mae'r haf yn oedi'n hir?
Lle mae'r sane gwcw glasaf?
Naddo? Naddo wir?

Welsoch chi mo afon Teifi'n
Llifo'n araf drwy y cwm?
Welsoch chi mo flodau'r eithin
Ar y llethrau'n garped trwm?

A fûm i'n y Swisdir? Naddo.
Na, nac yn yr Eidal chwaith,
Ond mi fûm yng Nghwm Alltcafan
Ym Mehefin lawer gwaith.

Gweled llynnoedd mwyn Killarney
Yn Iwerddon? Naddo fi;
Tra bu rhai yn crwydro'r gwledydd
Aros gartref a wnes i.

Ewch i'r Swisdir ac i'r Eidal,
Neu Iwerddon ar eich tro,
Ewch i'r Alban, y mae yno
Olygfeydd godidog, sbo.

Ond i mi rhowch Gwm Alltcafan
Pan fo'r haf yn glasu'r byd,
Yno mae'r olygfa orau,
A chewch gadw'r lleill i gyd.

Welsoch chi mo Gwm Alltcafan,
Lle mae'r coed a'r afon ddofn?
Ewch da chi i Gwm Alltcafan,
Peidiwch oedi'n hwy … rhag ofn!

Gwyddai hefyd fod gan y mwyafrif ohonom ein Cwm Alltcafan personol, sef y byd o ryfeddodau a welwyd gyntaf yn ei holl ogoniant trwy lygaid clir plentyndod a'r cwmwd diogel sydd yn dal i gynnig dihangfa ysbeidiol wrth i'r synhwyrau bylu. Yno, ym mro'r profiadau cynnar, mae deunydd crai o'r hwn y'n gwnaed. Rhyw gyfuniad felly o'r ffaith a'r ffansi yw Cwm Alltcafan a thirwedd yr ias a erys ar ôl i'r cynnwrf cyntaf waelodi. 'Emotion recollected in tranquility' oedd disgrifiad Wordsworth o'r fro hudol hon.

Ond mae yna Gwm Alltcafan go iawn hefyd, ac os na fuoch yno, gellir dod o hyd i'r llecyn ryw filltir i lawr y dyffryn o Landysul, nid nepell o ddolydd Gilfach Wen lle cafodd Cynan a Wilbert Lloyd Roberts gip ar eu paradwys hwythau. Yr oedd yn arwyddocaol fod copi o'r gerdd yn ogystal â llun camera o waith Phillip Davies o'r bont a'r afon yn hongian ar wal yr ystafell fyw yn Nôl Nant tan y diwedd. Gallai T. Llew felly ddianc yn ôl pryd y mynnai at lwybrau bore oes. Mae Cwm Alltcafan hefyd yn rhyw fath o feicrocosm o Gymru, ac yn ein hatgoffa o'r hyn sydd wrth ein traed cyn i ni fynd i deithio hwnt ac yma ar hyd a lled y byd.

Ac yno, ar ochr sir Gaerfyrddin i'r afon, y'i ganwyd ym Mwlchmelyn, ger Pentre-cwrt, ar 11 Hydref 1915. Yn 1989 dadorchuddiwyd cofeb ar wal y cartref i nodi'r ffaith honno. Ar y garreg cerfiwyd englyn gan un o'i ffrindiau pennaf, Dic Jones, i ddathlu'r achlysur:

> Rhythmau'r iaith yw y muriau hen – a chwedl
>   A chân yw pob llechen.
>   Cartre Llew, crud deor llên,
>   A thŷ mabolaeth awen.

Trefnwyd y seremoni gan Ŵyl Werin y Cnapan i anrhydeddu'r gŵr a fu'n Llywydd Anrhydeddus i'r mudiad o'r cychwyn ac i goroni'r dathliadau cafwyd te a chynhaliwyd cyngerdd gan dalentau'r ardal yn neuadd y pentref.

Cartref ei dad-cu a'i fam-gu oedd Bwlchmelyn, ond yn fuan wedyn symudodd y rhieni a'r baban bach i Iet Wen, bwthyn gwyngalchog, dau-ben yn y pentref, ryw filltir i ffwrdd. Roedd hi'n amser tlawd. Clom, sef cymysgfa o fwd, clai, gwellt, cerrig mân a dŵr, oedd deunydd y muriau, pridd oedd y llawr a'r to'n gyfuniad o wellt a sinc. Eto bu'n gartref clyd a hapus i'r teulu bach. Fel y nododd, wedi cyrraedd oedran gŵr:

> Os yw hi'n storm tu allan
> A'r coed a'r caeau'n ddu,
> Ni chaiff y gwynt na'r curlaw
> Fyth ddod i mewn i'r tŷ.

Gofid calon iddo, er hynny, fu dychwelyd yno flynyddoedd yn ddiweddarach a chanfod bod y bwthyn, a oedd fel palas yn nyddiau ei fam, bellach yn cael ei ddefnyddio fel twlc mochyn gan ffermwr cyfagos. Ni ddychwelodd yno wedyn. Erbyn hyn chwalwyd y muriau a chodwyd byngalo moethus gan ryw Sais ar y safle – stori gyffredin iawn yn y gorllewin, gwaetha'r modd.

Ar aelwydydd Brynmelyn, Iet Wen a hefyd Tŷ Newydd, a fu'n gartref i'r teulu yn ddiweddarach, y mowldiwyd cymeriad T. Llew Jones. Deilliai ei bersonoliaeth gynnes o'r cariad a'r gofal a gafodd yn y blynyddoedd ffurfiannol hyn.

Brenhines yr aelwyd oedd ei fam, Annie Mary Jones, a'i chyfrifoldeb hi oedd cael dau ben llinyn ynghyd yn ystod blynyddoedd tywyll y Rhyfel Byd Cyntaf. Roedd ei gŵr oddi cartre yn gwasanaethu yn y Llynges Brydeinig hyd at y Cadoediad yn 1918 ac o'r herwydd collodd y tad dair o'r blynyddoedd pwysicaf yn natblygiad ei fab bychan, T. Llew. Yn rhyfedd iawn, yr un fu'r stori genhedlaeth a rhyfel yn ddiweddarach gan fod T. Llew ei hunan yn filwr yn y fyddin pan anwyd ei fab cyntaf, Emyr. O ystyried y blynyddoedd coll hyn, nid oes ryfedd mai mab ei fam oedd T. Llew. Hi fyddai'n ei ddifyrru wrth y tân fin nos â storïau o gyfrolau ei dychymyg am Flaidd Cwm Cerrig a chreadigaethau cyffelyb. Yn fuan iawn datblygodd y plentyn reddf adnabod stori dda a thebyg mai gan ei fam yr etifeddodd ddoniau'r cyfarwydd.

Pan fu ei fam farw ym Mehefin 1970 yn 74 mlwydd oed, canodd y mab gywydd hardd er cof amdani yn nhraddodiad gorau cerdd dafod:

> Heddiw, gwae fi, y rhoddwyd,
> Yn oer lain yr hen erw lwyd
> Fy mwyn fam; honno a fu
> 'N angyles uwch fy ngwely;
> Yr un oedd rhag ofnau'r nos
> Aneirif, yno'n aros.
>
> Fy nghraig wen, fy angor gynt,
> A ddaliai yn nydd helynt.
> Fy encil ben bwy gilydd,
> Caer fy nos, swcwr fy nydd.
>
> Di-feddwl-ddrwg, di-wg oedd
> A model o fam ydoedd.
> Ow'r ing tost rhoi pridd drosti!
> Archoll oer ei cholli hi.

> Er i mi hir grwydro 'mhell, –
> I'm cam bydd mwy i'm cymell
> Adre'n ôl, – un darn o âr,
> Anwyle fy nwfn alar;
> Yno gwn fe'm deil yn gaeth
> I'w hoff weryd – raff hiraeth.

Cerfiwyd cwpled cyntaf y trydydd pennill ar ei charreg fedd yng Nghapel Mair, ger Pentre-cwrt. Teimlodd y golled i'r byw a chofiodd amdani, yn fwy annisgwyl efallai, mewn cerdd wers rydd â chyffyrddiadau cynganeddol. Salm o fawl ydyw sy'n ddatganiad o ffydd bersonol y bydd hawddgarwch personoliaeth ei fam yn dal i berarogli ym mynwes ei hwyrion a'i hwyresau. Dengys hyn bwysigrwydd yr uned deuluol iddo, ac o fewn cyffiniau'r cylch agos hwn cafodd sail gadarn i'w gynnal ar daith bywyd. Wele ddetholiad o'r gerdd:

> Yn dwyn ei harch
> Roedd ei hwyrion cyhyrog hi;
> Meibion ei meibion oeddynt;
> Ac onid ei gwaed hi
> Oedd yn fwrlwm yn eu gwythiennau hwy?

> A thu ôl i'w harch fudan,
> Yn lluniaidd a theg,
> Fel merched Jeriwsalem,
> Y rhai a ddilladai Saul ag ysgarlad,
> Cerddai ei hwyresau swil,
> Sef plant ei phlant,
> A'u plant hwythau.

A hwy fydd etifeddion y ddaear;
A hwy a fwriant had,
Ac a ddygant ffrwyth;
A llinynnau ei chadernid hi
A fydd arnynt.
...

Ewch â'r arch i'r pridd,
A rhowch orffwys i'r cnawd cystuddiedig;
Ac nid wylaf mwy.

Canys
Y mae Mam yma o hyd
Yn ynni mawr yn ein mysg.

 Mae'r gerdd hon yn gyforiog o rythmau litanïau eglwysig Capel Mair a oedd mor agos at ei galon ef ac at galonnau'r teulu. Anaml iawn y canai yn y wers rydd, ond bob tro y gwnâi yr oedd y cerddi'n canu. Mae'n siŵr fod bwrw'i brentisiaeth ar fydr ac odl a chynghanedd yn cyfrannu'n sylweddol at berseinedd ei *vers libre*. Ac er mai fel bardd y mesurau traddodiadol y gwnaeth ei enw mae'n werth nodi bod caneuon eraill o'i eiddo yn y wers rydd gynganeddol, megis 'Connemara' a 'Sŵn y Malu', ymhlith goreuon ei awen.

 Mae'n debyg wedyn iddo etifeddu'r cariad at farddoniaeth gan ei dad. Yr oedd ef, James Jones, yn ŵr a gariai gopi o *Rhigymau'r Ffordd Fawr* Dewi Emrys yn ei boced a gallai adrodd darnau helaeth o'r cerddi hynny ar ei gof. Nid yw'n syndod felly mai at Dewi Emrys ym Mhabell Awen *Y Cymro* yr anfonai'r mab ei gerddi cynnar pan ddaeth yn amser iddo yntau ddechrau'r daith fel crefftwr geiriau. Fel y nododd yn 'Y Dringwr':

Ac yn sŵn cytgan seiniau – fe dyfodd
Yn fardd a garodd gyfaredd geiriau.

Er na chafodd Dewi Emrys fyw i weld ei ddisgybl yn cyrraedd ei lawn dwf fel bardd, byddai'r athro'n ymhyfrydu yn y llwyddiannau cynnar gan ymfalchïo yn y ffaith mai ef a'i rhoes ar ben ffordd.

Ar ôl dychwelyd o'r rhyfel cafodd ei dad waith fel gwehydd yn ffatri wlân y Derw ger Pentre-cwrt, y fwyaf a'r fwyaf modern o'r holl felinau ar lannau Teifi a'i llednentydd rhwng Llanybydder a Chenarth. Tua diwedd y bedwaredd ganrif ar bymtheg, yr ardal hon oedd prif ganolfan y diwydiant gwlân yng Nghymru. O ganlyniad i'r holl weithgarwch agorwyd rheilffordd o Bencader i Gastellnewydd Emlyn, drwy Bentre-cwrt, yn 1895 i ymuno gyda'r llinell a gysylltai Gaerfyrddin ag Aberystwyth.

Agorwyd nifer fawr o ffatrïoedd yn ystod ugain mlynedd olaf y bedwaredd ganrif ar bymtheg a'r cyfnod hwnnw hyd at ddiwedd y Rhyfel Byd Cyntaf oedd oes aur y diwydiant gwlân yn nyffryn Teifi. Yr oedd pum ffatri ym Mhentre-cwrt ei hunan, sef Alltcafan, Derw, Henfryn, Cwrt a'r Pandy, tra oedd deugain a chwech o felinau yn Nre-fach Felindre. Roedd hi'n naturiol i'r pentref hwnnw gael ei adnabod ar y pryd fel 'Huddersfield Cymru'.

Bu blynyddoedd y Rhyfel Mawr yn gyfnod llewyrchus i'r diwydiant gan fod galw cynyddol am flancedi gwlân a lifrai i gynnal yr ymgyrch filwrol. Ond er i'r perchnogion fanteisio'n sylweddol ar gytundebau'r llywodraeth ac ar deyrngarwch teuluoedd cyfain o weithwyr, pitw iawn oedd y cyflogau a delid. A phan fyddai'r gwlân o ansawdd gwael a'r edau'n dueddol o ddrysu a thorri yn y peiriannau, gallai cyflog wythnosol gwehydd cyffredin fod yn llai na thâl labrwr. Undonog a chaled oedd tasg y gwehyddion a phan âi pethau'n drech na hwynt codent eu pac i chwilio am ddihangfa yn y Black Horse cyn dychwelyd, ar ôl ychydig ddiwrnodau o dablenna, i'r un hen rigolau.

Yr oedd hi'n naturiol felly i'r tad chwilio am ffynonellau eraill i ychwanegu at ei incwm prin ac yr oedd modd ennill ceiniog gyfreithlon drwy weithio ar y tir adeg y cynaeafau. Ar adegau eraill roedd digonedd o ysgyfarnogod a chwningod ac ambell geiliog ffesant ar gael ar stad Llysnewydd er gwaethaf holl ymdrechion ciperiaid Cyrnol Lewes i'w diogelu. Pa syndod bod yna sgweier hanner estron yng nghynifer o nofelau T. Llew Jones? Ac, wrth gwrs, yr oedd afon Teifi'n gyfoethog o eogiaid a brithyllod ar gyfer y gwerinwyr prin o geiniog heb drwydded bysgota. Dyma'r byd o gysgodion y ganwyd T. Llew Jones iddo ac aeth arswyd y noson dywyll a rhamant y lleuad olau yn rhan o'i bersonoliaeth. Ym mis Mawrth 1936, yn ddeugain mlwydd oed, bu farw ei dad yn frawychus o sydyn ar lan yr afon. Mae'r cwpled canlynol o eiddo'r mab wedi ei gerfio ar y garreg fedd ym mynwent Capel Mair:

> Carai'r gân, carai'r gweunydd
> A'r hen gamp o drin y gwŷdd.

Ni chollodd T. Llew erioed mo'i gydymdeimlad gyda photsiars bywyd. Mynnai ei synnwyr o degwch cymdeithasol mai hwy a'u bath oedd gwir arwyr y cyfrolau.

Wrth olrhain y dylanwadau rhaid sôn am ei fam-gu ym Mrynmelyn. Mae'n amlwg iddi chwarae rhan bwysig yn natblygiad ei hŵyr bach gan iddi deilyngu pennod gyfan yn yr hunangofiant

Fy Mhobol i. Yr adeg honno, cryddia, a hynny ychydig yn groes i'r graen, a wnâi Evan, ei gŵr, tra cadwai hithau siop fach ym mhen ucha'r tŷ. Rhyw 'fenyw fach Cydweli' o siopwraig ydoedd, a'i mesur yn hael i blant ac i oedolion anghenus. Er hynny, gan fod ffatri'r Derw gerllaw, a rhyw ddeugain o weithwyr yno, yr oedd y siop yn talu'n iawn a byddai ganddi wastad rywbeth bach dros ben i'w rannu'n gyfartal rhwng ei hwyth plentyn. Yn ddi-os bu'n gymorth mawr i deulu Iet Wen yn y dyddiau main. Gallai droi ei llaw at bob math o dasgau ac mae'n sicr mai at ddoniau darbodus ei fam-gu a'i fam y cyfeiriodd T. Llew pan enillodd gystadleuaeth 'englyn y dydd' ryw drigain mlynedd yn ddiweddarach yn Eisteddfod Genedlaethol Casnewydd yn 1988. 'Nodwydd' oedd y testun:

> Yn llaw mam ei blaenllym hi – a wnâi wyrth
>   Yn oes y caledi;
> Yn ddi-nam trwsiodd i ni,
> Blant y wlad, bilyn tlodi.

Yr oedd ganddi hefyd stôr o bosau i ddifyrru plant a chyfoeth o hen faledi a phenillion tynnu coes beirdd plwyf Llangeler yn fyw ar ei chof. Tywyswyd yr ŵyr bach ar hyd llwybrau rhamantus y dychymyg:

> Ar lawer noson gynt pan own i'n grwt,
> A gwynt y gaea'n chwiban yn y clo,
> Doedd dim yn well gen i na chlywed Nain
> Yn adrodd hanes difyr Cwm-pen-llo.

Ar nosweithiau canol gaeaf, o flaen tanllwyth o dân, cafodd ei fagu ar straeon ysbryd, ac roedd yn gyfarwydd â chlywed am y toili a'r cannwyll corff; dysgodd wrando ar synau'r nos.

Defnyddiodd y gynhysgaeth hon yn ei waith a chyfrannodd yn gyson i'r cylchgrawn llên gwerin *Llafar Gwlad* ar hyd y blynyddoedd.

Yr oedd gan ei fam-gu un stori unigryw am ei thad-cu yn cael ei ddihuno yn oriau mân y bore gan y sŵn rhyfeddaf. Gellid ei debygu i glindarddach padelli pres yn taro'n erbyn ei gilydd. Dôi'r sŵn yn nes a phan aeth ei thad-cu allan i ymchwilio fe welodd Preis Rhydybenne, a hanai o deulu o wŷr byddigion lleol, yn ei arfwisg ddur yn dychwelyd o un o frwydrau Tywysogion yr Oesoedd Canol ar gefn ei geffyl drwy'r cenedlaethau. Roedd y lleuad yn olau ar y noson honno wrth i gof hen linach uno'r canrifoedd ar lan afon Siedi. Cofnodir y stori yn *Fy Mhobol i* a phwy all fesur y dylanwad a gafodd ar ddychymyg plentyn synhwyrus wrth i reddf y storïwr ynddo aeddfedu. Claddwyd ei fam-gu a hithau'n hen wraig bedwar ugain a chwe mlwydd oed ym Macpela'r teulu yng Nghapel Mair, ond mae'r chwedlau'n dal yn fyw. Deil y pedolau i atseinio yn y pennill bach hwn o'i eiddo:

> Carlama'r ceffyl ymaith
> Â'r marchog ar ei gefn,
> Mae sŵn y carnau'n darfod
> Ar lawr y briffordd lefn.
> Ond gwn, ond ichi wrando
> Ar ambell nos fel heno –
> Y clywch chi'r sŵn drachefn.

Agoriad llygad i fachgen bach ar ei brifiant fyddai'r teuluoedd o sipsiwn a arhosai dros dro yn eu carafannau lliwgar ar Bisyn Padis gerllaw Bwlchmelyn cyn symud ymlaen.

Pobol o dras y Romani oeddent, pobol wahanol gyda'u plant yn niferus a'r merched ifanc yn beryglus o bert. Syrthiodd Edith Lovell, yr harddaf ohonynt, mewn cariad â llanc ifanc nad oedd yn aelod o'r llwyth, Sgotyn o'r enw Duncan Muir, a weithiai, pan oedd yn brin arno, i un o deilwriaid Rhydlewis. Yn groes i hen arfer y sipsiwn, priododd y ddau ac, fel rhyw fath o gyfaddawd rhwng dwy ffordd o fyw, ymgartrefodd y pâr ifanc mewn pabell ar fanc agored yn y cyffiniau. Ond, yn fuan iawn, fel canlyniad i anniddosrwydd y cartref newydd a syched y gŵr ifanc, gwahanodd y ddau gan ddychwelyd i'w cynefinoedd naturiol. Ymhelaethwyd ar y gwrthdaro hwn flynyddoedd yn ddiweddarach yn y nofel *Tân ar y Comin*, lle mae'r thema o berthyn yn chwarae rhan amlwg yn y stori. Pwy oedd y Tim Boswell ifanc? Ai Romani neu un o blant 'y tai'?

I bob pwrpas cafodd T. Llew fagwraeth unig blentyn. Yr oedd yn ddeg oed pan anwyd ei frawd, Edwin Sieffre, ac yr oedd ddeunaw mlynedd yn hŷn na'i unig chwaer, Megan Eluned. Er nad oedd plant eraill i chwarae gydag ef ar yr aelwyd, bu'n hapus iawn yn ysgol fach Capel Mair ond ni fu mor gysurus yn ysgol Bryn Saron ar ôl i'r teulu symud i Dŷ Newydd yn y pentref cyfagos. Yno cafodd ei fwlio gan blant hŷn a datblygodd yn blentyn ofnus. Ni fwynhaodd y pedair blynedd a dreuliodd yn Ysgol Ramadeg Llandysul chwaith ac ni ddisgleiriodd yn ei arholiadau terfynol. Nid oedd ei ganlyniadau yn ddigon da i'w alluogi i ddilyn cwrs pellach yng Ngholeg y Drindod, Caerfyrddin. Fe'i gwrthodwyd ganddynt ond, yn eironig iawn, cafodd ei wneud yn Gymrawd Anrhydeddus gan yr un sefydliad hanner canrif yn ddiweddarach ar sail ei gyfraniad i addysg plant yng Nghymru.

Yr oedd er hynny yn ddarllenwr brwd a gwariai ei arian prin ar lyfrau Penguin yn hytrach nag ar felysion. Erbyn iddo gyrraedd un ar ddeg oed yr oedd wedi darllen llyfrau megis *With Kitchener to Khartoum* a *The Life of Gladstone*. Byddai wrth ei fodd yn darllen nofelau cyffrous awduron megis Raphael Sabatini, Alexandre Dumas a Robert Louis Stevenson. Yr oedd eisoes ar drywydd trysor y môr-ladron. Darllenai bopeth y câi afael arno ac mae'n debyg ei fod wedi darllen pob cyfrol yng nghwpwrdd llyfrau ysgol Saron ac yn llyfrgell ysgol Llandysul cyn iddo ymadael â'r sefydliadau hynny.

Erbyn hyn yr oedd dawn y llenor yn dechrau amlygu ei hunan ac aeth ati i ysgrifennu ei nofel gyntaf, a hynny yn Saesneg, am gymeriad annifyr o'r enw Edward Allstone, enw ardderchog i ŵr â chalon o garreg. Ond pan ddangosodd y rhannau agoriadol i gyfaill, fe'i siomwyd wrth i hwnnw lwyddo i rag-weld diweddglo'r nofel yn syth. Sylweddolodd y byddai'n rhaid iddo fod yn fwy cynnil y tro nesaf yr âi ati i gynllunio stori ac, o ganlyniad, fe dawelodd y llenor ynddo am ychydig. Bu hon yn wers bwysig iddo, ac fe'i dysgodd.

Ailenillodd ei hunanhyder fel llenor mewn ffordd ryfedd iawn. Yr oedd wedi ysgrifennu stori fel rhan o'i waith cartref, ond nid oedd yr athro Saesneg arferol yn yr ysgol ar y diwrnod y'i cyflwynodd. Yn ei absenoldeb cymerwyd y dosbarth gan yr athro Ffrangeg, Mr David Sweet, neu Dai Losin i'r plant. Un byr ei babwyryn oedd hwnnw ac ar ôl iddo ddarllen y stori galwodd T. Llew ymlaen o flaen y dosbarth a'i holi'n sarrug, 'Who wrote this?' Atebodd yntau: 'I did, sir', a chafodd glipsen am ei eirwiredd. Ond bu'r bonclust hwnnw yn fodd i fyw i'r llenor ifanc; yr oedd yn gadarnhad gwerthfawr, os poenus, fod ganddo ddawn i drin geiriau a bu'n anogaeth iddo i barhau i ysgrifennu. Bu beirniadaeth lenyddol David Sweet yn hynod felys iddo.

Yr oedd i William Wordsworth ei Gwm Alltcafan yn Ardal y Llynnoedd. Er hynny, fel y gweddill ohonom, colli gafael ar y ddawn i ganfod y gyfriniaeth honno fu ei hanes wrth i'r blynyddoedd bylu'r lliwiau a diffodd yr ias:

> There was a time when meadow, grove, and stream,
> The earth, and every common sight,
>   To me did seem
>   Apparell'd in celestial light,
> The glory and the freshness of a dream.
> It is not now as it hath been of yore; –
>   Turn wheresoe'er I may,
>   By night or day,
> The things which I have seen I now can see no more.

Yr oedd T. Llew yn fwy ymwybodol na neb o'r perygl hwn. Gwyddai'n iawn mai prydferthwch bregus ydoedd ac, wrth iddo ein cymell ni oll i ymweld â Chwm Alltcafan ar fyrder, mae'n bradychu ei ofnau dyfnaf ac yn cydnabod y byddai'n rhy hwyr arno yntau i fynd yno ryw ddydd. Mae'r 'rhag ofn' ar ddiwedd y gerdd yn adrodd cyfrolau wrth iddo wylio'r byd yn newid o flaen ei lygaid.

Ond nid felly y bu yn ei hanes ef. Daliai glesni'r sane gwcw yr un mor llachar i'r hynafgwr yn ei gadair yn Nôl Nant ag ydoedd i'r crwtyn llygadrwth ar fuarth ysgol Capel Mair gynt. Llwyddodd fel oedolyn i gadw'r ddawn 'i weld llais a chlywed llun', chwedl Gerallt Lloyd Owen. Fel yr honnodd ef ei hunan yr oedd rhyw Peter Pan o'i fewn na fynnai heneiddio. A dyna paham fod plant yn ei addoli. Yr oedd yn un ohonynt.

Y ffordd beryglus

Ar ôl gadael ysgol Llandysul yn un ar bymtheg oed dychwelodd T. Llew i fyd plant fel disgybl-athro yn ei hen ysgol yng Nghapel Mair. Y bwriad oedd treulio cyfnod yno cyn mynd ymlaen i'r Coleg Eglwysig yng Nghaerfyrddin. Ond newidiodd popeth pan fu ei dad farw. Dros nos tyfodd y bachgen yn ddyn. Sylweddolodd y byddai'n rhaid iddo anghofio am y syniad o barhau â'i addysg ffurfiol a mynd ati, fel y plentyn hynaf, i ysgwyddo cyfrifoldebau'r penteulu gyda'i fam weddw. Erbyn hyn yr oedd ei frawd iau, Edwin, yn yr ysgol ac yr oedd yna chwaer fach, Megan, i'w magu. Rhaid oedd mynd allan i ennill arian i fwydo'r teulu ac am chwe blynedd bu, yn ei eiriau ei hun, yn gwneud 'tipyn o bopeth', o weithio ar ffermydd, torri coed, cario post, maglu cwningod i glercio mewn swyddfa a chasglu yswiriant.

Yr adeg hon yr oedd yn dechrau ymhél â phrydydda ac yn ennill gwobrau yng nghyfarfodydd Pentre-cwrt a'r cyffiniau am benillion a limrigau; byddai gwobr o dair ceiniog yn mynd ymhell y pryd hwnnw. Yr oedd hefyd yn dechrau cyhoeddi penillion yng ngholofn farddol y papur lleol, *The Cardigan and Tivy-Side Advertiser*. Yn eu plith mae cerdd, neu ddychangerdd efallai, i fechgyn yr Air Raid Precautions (ARP) lle synhwyrir bod y cenedlaetholwr Cymreig ynddo yn dihuno. Wele rai o'r penillion:

> Mae bechgyn heddiw am guddio'u gwedd
> Dan fantell yr A. R. P.
> Nid oes neb a gyfyd tros Gymru fach
> I ymladd ei brwydrau hi.

ac yna'r diweddglo:

> O Gymry, codwch ar gais yn awr,
> Mae'r gelyn draw ar y ffin.
> Mae cleddyf Arthur mor llym ag erioed,
> Cyfiawnder yw nerth ei fin.
>
> Gadewch i ddewrion y Rhyfel Mawr
> Waith syml yr A. R. P.
> Mae Cymru yn galw, ymlaen yr awn
> Tros ryddid ei bryniau hi.

Cyhoeddwyd y gerdd ym mis Hydref 1939, a go brin y byddai ei neges yn dderbyniol ar y pryd. Ymhen llai na blwyddyn yr oedd yntau yn cael ei alw i faes y gad i ymladd dros Brydain Fawr yn hytrach na Chymru fach.

Cyn hynny, yr oedd brwydrau eraill gan y glaslanc iach yn nyffryn Teifi'r tridegau i'w hennill ac ymladdwyd nifer ohonynt yn lifrai tîm criced enwog Pentre-cwrt. Mae'n syndod i'r gêm Seisnig imperialaidd ennill ei phlwyf i'r fath raddau yng nghefn gwlad Cymru, ond felly y bu. Yr oedd gan gêm meysydd chwarae'r ysgolion bonedd gymaint i'w gynnig i'r chwaraewr deallus a galluog, fel y'i mabwysiadwyd gan werin Gymraeg cefn gwlad a'r gweithe. Aeth criw o ieuenctid Pentre-cwrt ati i gasglu arian i brynu offer a ffurfio clwb. Cafwyd benthyg cae gan Sam Davies y Cwrt: wedyn, bu raid gweithio'n galed gyda chrymanau a rowler fferm i baratoi wiced a fyddai'n deilwng o'r gêm. Ac o dipyn i beth trowyd dôl y gwartheg, ar ôl clirio'r dom, yn faes Thomas Lord y pentre ar gyfer croesawu timoedd o ardaloedd cyfagos.

Yr oedd T. Llew ei hunan yn gricedwr peryglus, yn droellwr araf llaw chwith a chymysgedd dieflig o *googlies* a Chinamen yn ei arfogaeth. Ef oedd capten y tîm ac yr oedd ganddo ddau gadfridog ardderchog wrth ei ochr yn Dai Bwlchafallen, wicedwr di-ail, a Tom Bercoed, bowliwr cyflym yn nhraddodiad Freddie Trueman. Wedyn roedd Dai Glyncaled, John Bercoed, Jim a Sam Maesyrafon, Lyn Maesawelon a Merfyl yn fatwyr neu'n fowlwyr digon atebol ond roedd y lleill yn fwy o chwaraewyr criced nag o gricedwyr go iawn.

Apeliodd criced yn fwy nag un gêm arall at y beirdd a'r llenorion, yn enwedig yn y Saesneg. Wedi'r cwbl, gêm y Gymanwlad ydoedd a thros y blynyddoedd ymgasglodd corff o lenyddiaeth gofiadwy o'i hamgylch. Ni fu'r beirdd Cymraeg ar ei hôl hi chwaith ac mae cerdd T. Llew i dîm criced Pentre-cwrt yn rhan o'r traddodiad anrhydeddus hwn. Fe'i cyfansoddwyd ar farwolaeth Lyn Maesawelon wrth i gysgodion yr hen hafau ymestyn dros ddyffryn Teifi'r cof. Ef, ac eithrio'r bardd ei hunan, oedd yr olaf o'r tîm i oroesi.

> Mae bechgyn Maesyrafon
> Yn eisiau, Jim a Sam,
> Na, ddôn nhw ddim rwy'n ofni
> A gwn yn iawn paham.
>
> Dai bach o Bwlchafallen,
> Wicedwr gorau'r byd,
> Tom Bercoed, Dai Glyncaled,
> O'r tîm ar goll i gyd.

A nawr Lyn Maesawelon,
Yr aelod mwyaf triw,
Pa les yw bod yn gapten
Ar long heb arni griw?

Ond weithiau rwy'n breuddwydio
Am lawnt drwsiedig, lefn,
A'r chwarae yn ei anterth
A'r tîm yn llawn drachefn.

Haul Awst uwch dyffryn Teifi
A'r awel fel y gwin,
A sŵn y bat yn eco
A'r bêl yn croesi'r ffin.

Ond wedyn bydd rhaid derbyn
Y ffaith heb ei nacáu,
Mae'r *innings* wedi gorffen
A'r batiad wedi cau.

A phan af innau hefyd
Dan do'r dywarchen las
Fe ddaw'r hen ŵr a'i bladur
I rwbio'n henwau mas.

Fel darn o farddoniaeth gellir ei gymharu â chân enwog Francis Thompson, 'At Lord's', wrth iddo yntau hiraethu am Hornby a Barlow o'r brwydrau gynt. Gwyddai'r ddau fardd fod criced yn dipyn mwy na gêm bat a phêl.

Yr oedd y gêm yn ei waed ac ar ôl gorffen chwarae ei hunan byddai wrth ei fodd yn treulio ambell Sul o haf yn gwylio gemau Morgannwg yn San Helen gyda'i fab, Iolo, a'i frawd yng nghyfraith, Jeremy. Ar y llain hon yr enillwyd y rhan fwyaf o fuddugoliaethau mawr y gorffennol, ond bellach, gwaetha'r modd, mae'r gatiau wedi eu cau i bob pwrpas wrth i rymoedd y farchnad fynnu bod rhaid canoli'r adnoddau yng Ngerddi Soffia. Unwaith eto gwelir mai bro ddiarffordd yw tiroedd y gorllewin.

Dilynai bencampwriaeth y siroedd a hynt y gemau prawf, haf a gaeaf, ar y teledu o'i gadair esmwyth tan y diwedd. Ac ni fyddai dim yn well ganddo na gweld rhai o'r gwledydd yn rhoi gwers griced go iawn i'w cyn-feistri imperialaidd. Y gorthrymedig a enillai ei gydymdeimlad, beth bynnag fyddai'r gêm.

Yn nes adref, hyfforddodd ei ddau fab, Emyr a Iolo, yn nirgelion y grefft, ac yna, genhedlaeth yn ddiweddarach bu'n dysgu'r un triciau i ddau fab Emyr, Guto ac Owen. Os oedd gêm yn werth ei chwarae, yr oedd yn werth ei chwarae o ddifrif. Yr oedd ennill yn bwysig iddo a deil Owen hyd heddiw i ryfeddu at ffyrnigrwydd cystadleuol y gemau hynny a chwaraewyd dan lygad craff ei dad-cu ar lawnt Dôl Nant.

O'r brwdfrydedd heintus hwn y tyfodd Clwb Criced y Gwerinwyr a fu'n disgleirio am gyfnod yng nghynghreiriau criced Ceredigion. Tîm ar gyfer Cymry Cymraeg ydoedd a gellir ei gymharu o ran athroniaeth, ac o ran chwedloniaeth hefyd, â thîm pêl-droed Nantlle Vale, a fu, ychydig yn gynharach, o dan arweiniad Orig Williams yn cario'r Ddraig Goch hyd gaeau chwarae Sgowslyd y gogledd. Etholwyd T. Llew yn Llywydd Anrhydeddus ar y clwb o'r cychwyn. Unwyd y Cymro a'r cricedwr a threuliodd ef a'i wraig, Marged, nosweithiau pleserus yn gwylio'r chwarae a gallai'r ddau ohonynt ymfalchïo yng nghampau eu meibion a'u hwyrion ar gae criced Post Mawr. Mynnai Gwilym Thomas fod y Prifardd yn fwy cysurus yn nillad gwyn y cricedwr nag ydoedd yng ngwisg wen yr Orsedd.

Tyfodd y bachgen i fod yn llanc ifanc gosgeiddig a byddai'r merched ifanc yn dotio ato. Cerddai'n hyderus ar hyd ffordd beryglus glasoed gan fwynhau eu cwmni. Yn hyn o beth, ymdebygai i'w ewythr Harri, brawd ei fam, a ffefryn holl ferched y plwyf. Yr oedd Harri yn un o wyth o blant a bu ei farwolaeth sydyn yn chwech ar hugain oed yn ergyd drom i'r teulu.

Ond y ferch a aeth â'i fryd oedd Margaret Enidwen Jones, merch Joshua ac Esther Jones, Y Gaerwen, Blaencelyn, ac fe'u priodwyd yn 1940. Bu'n uniad hapus a chawsant fyw'n ddedwydd am dros hanner canrif gyda'i gilydd. Hanai ei wraig o deulu enwog y Cilie, yn ferch i Esther ac yn wyres i'r patriarch, Jeremiah Jones. Yr oedd hefyd yn chwaer i'r englynwr Capten Jac Alun Jones, ac fe anfarwolwyd y fam a'r mab o forwr gan delyneg adnabyddus Isfoel, 'Cân Esther'. Dyma'r pennill cyntaf:

> Gan bwyll y gwynt! – pob parch i'th allu mawr
> A'th rwysg urddasol, heliwr ffroengoch, ffôl;
> Mae'r crwt, Jac Alun, ar y môr yn awr,
> Paid gyrru dy fytheiaid ar ei ôl.

a'r olaf:

> Mi hoffwn innau sŵn dy utgorn cry'
> A'th donnau gwallgof yn y dyddiau gynt
> Yn taro'r creigiau oni chrynai'r tŷ
> I'w sail – ond 'nawr, gan bwyll, gan bwyll y gwynt!

Tawelodd y gwynt ac ar ôl oes ar y môr dychwelodd y capten i dir sych i dreulio'i ymddeoliad ym Mhontgarreg. Cafodd T. Llew'r cyfle i fwynhau cwmnïaeth ddifyr ei frawd yng nghyfraith cyn i'r storom olaf ei ddwyn oddi wrtho.

Yr oedd enw da T. Llew fel bardd ifanc, addawol, wedi lledu ymhell dros afon Teifi erbyn hyn, a chan ei fod yn enaid hoff cytûn cafodd groeso mawr gyda'i deulu yng nghyfraith. Fe'i mabwysiadwyd fel un ohonynt gyda balchder. Ymhlith y cyfarchion daeth llythyr o Montreal yng Nghanada oddi wrth John Tydu, rebel mwyaf y teulu, yn dymuno'n dda i'w nith a'i phriod. Ynddo ceir y pennill canlynol:

> Unwyd Maggie a Llywelyn
> Mewn priodas, gwyn eich byd;
> Llawen iawn oedd amser caru –
> Nawr cewch garu o hyd o hyd.
> Ffarwel byth i bob unigedd,
> Maggie'n eistedd wrth y tân,
> A Llywelyn yn dod adre
> I ddifyrru'r plantos mân.

Er na chyfarfu'r ddau erioed, mae'n amlwg fod y llythyr yn golygu llawer i'r priodfab gan iddo ei gadw'n barchus drwy'r blynyddoedd. Byddai cymeriad yr alltud lliwgar yn apelio ato a gellid dadlau bod ychydig o anian fentrus John Tydu yn dal yn fyw yn rhai o arwyr llyfrau T. Llew ei hunan. Mae'n werth nodi hefyd fod Esther lawer mwy cefnogol i ddafad ddu'r teulu na nifer o'i brodyr mwy parchus.

Er i T. Llew ddysgu'r cynganeddion yn ifanc, canu rhydd ar fydr ac odl oedd yr arfer ym Mhentre-cwrt. Nid oedd yr ardal, yn wahanol i Langrannog, yn enwog am ei chynganeddwyr. Felly, bu priodi i mewn i deulu o feirdd caeth, a fyddai fel petaent yn siarad mewn cynghanedd, yn fodd i loywi ei grefft yntau. Ac yng nghwmni ei gyfaill mawr Alun Jeremiah Jones, yr ieuengaf, ac o bosib y galluocaf, o'r brodyr datblygodd yn gynganeddwr peryglus a fyddai maes o law yn ennill dwy Gadair genedlaethol. Fe'i mabwysiadwyd gan y teulu a chan ei fod yn canu yn yr un traddodiad fe'i cyfrifwyd yn un ohonynt. Eto, byddai ar adegau yn hoff iawn o'n hatgoffa mai un o feirdd teulu'r Felin oedd ef ac mai trwy briodas yn unig y perthynai i Fois y Cilie.

Erbyn hyn yr oedd yn Rhyfel Byd yn Ewrop ac, fel Bartholomew Roberts yn ei nofel *Barti Ddu*, derbyniodd T. Llew ei bapurau listio ar ddydd ei briodas. Yn fuan wedyn bu'n rhaid iddo adael ei wraig ifanc a throedio'r ffordd beryglus tua Blackpool a thu hwnt i gael ei hyfforddi i ymladd â'r gelyn fel aelod o'r Llu Awyr. Y cam nesaf oedd hwylio ar long rownd yr Horn er mwyn cyrraedd Port Taufiq yn y Dwyrain Canol. Rhaid oedd mynd y ffordd honno er mwyn osgoi llongau tanfor yr Almaenwyr. Treuliodd flwyddyn a hanner annifyr yn yr Aifft. Yr oedd haul y dydd yn grasboeth, y gwynt annioddefol yn chwythu'r tywod i bobman ac ni welodd yr un gawod law yn ystod y cyfnod. Bu'n rhaid iddo hefyd dreulio nosweithiau lawer yn cysgu allan ar y tywod. Eto, yr oedd ei awen yn blodeuo yng nghrastiroedd y Dwyrain yn ôl tystiolaeth y cywydd canlynol nas cyhoeddwyd o'r blaen sy'n 'Cyfarch y wennol yn yr Aifft' yn 1942:

> Hed yn ôl, wennol luniaidd,
> Lle mae 'nghâr, lle prancia'r praidd.
> Hed i bau'r perllannau pêr
> I baradwys ddibryder,
> I ddedwydd ryfeddodau
> Bro deg lle bu llwybrau dau.
> Dros y lli cei gwmni'r gog
> A hedd y mynydd mawnog.

Cei wrando pan dorro'r dydd
Alaw hudol ehedydd;
Ac o'th gell weled cellwair
Tonnau y gwynt yn y gwair.

Wennol, hed i lan Siedi,
Hed i fyd fy mebyd i,
I swyn y cwm o sŵn cad
Hed i fondo fy hendad.

Un rhyfel byd ynghynt, yr oedd Cynan wedi anfon ei nico o Facedonia i ardd Glandŵr. Ac wele fardd arall o Gymro, yn nhraddodiad anrhydeddus cerdd dafod, yn defnyddio'r wennol fel llatai i gario'i neges hiraethus o'r Aifft i lannau Siedi. Er na welwyd y cywydd cyn hyn, fe sylwa'r cyfarwydd fod y groes o gyswllt hyfryd – 'Tonnau y gwynt yn y gwair' – wedi ei chadw yn ddiogel i ymddangos yn ddiweddarach yn ei awdl arobryn i Gaerllion-ar-Wysg.

Wedi buddugoliaeth El Alamein fe'i symudwyd i'r Eidal. Croesodd Fôr y Canoldir gan lanio yn Taranto, yng ngwadn troed y wlad, gan symud i fyny'n raddol drwy Napoli i gyffiniau Rhufain. Yr oedd prydferthwch de'r Eidal yn wrthgyferbyniad llwyr i ddiffeithwch gogledd Affrica ac yr oedd yno ardaloedd gwledig, nid annhebyg i ddyffryn Teifi. Cofiai iddo ryw ddiwrnod, wrth grwydro'r wlad yn ei amser rhydd, weld Eidalwr yn aredig gyda'i ych a'i aradr; yr oedd naws y gwanwyn yn y tir a'r amaethwr yn mynnu dilyn hen reddf teulu dyn ers cyn cof i drin y tir. Disgrifiwyd yr olygfa mewn llythyr a anfonwyd adref at ei chwaer fach ym Mhentre-cwrt. Mae'r geiriau yn dal i ganu yn ei chof: 'The farmer has gone back quietly to till the land. The war has passed over him, but he is not crushed. That's how it is, Meg fach.'

Ysgrifennai yn Saesneg, o raid. Heb hynny, nid âi'r geiriau ymhellach na llygad craff y sensor milwrol, a hyd yn oed yn yr iaith fain byddai nifer o ddarnau ymddangosiadol ddiniwed wedi cael eu dileu cyn i'r llythyr gyrraedd pen ei daith. Ond, hyd yn oed yn ei ail iaith, yr oedd dawn y llenor yn amlwg wrth iddo ddisgrifio'r hyn a welodd yn y llannerch gysgodol honno drannoeth y drin. Mae'n ein hatgoffa o delyneg Thomas Hardy, 'In Time of the "Breaking of Nations"':

> Only a man harrowing clods
> In a slow silent walk
> With an old horse that stumbles and nods
> Half asleep as they stalk.
>
> Only thin smoke without flame
> From the heaps of couch-grass;
> Yet this will go onward the same
> Though Dynasties pass.
>
> Yonder a maid and her wight
> Come whispering by;
> War's annals will cloud into night
> Ere their story die.

Blynyddoedd anhapus fu cyfnod y rhyfel i'r milwr ifanc a gresynai ei fod wedi colli pum mlynedd o amser gorau bywyd yn gaeth i iwnifform a disgyblaeth gwersyll milwrol. Nid oedd ei iechyd yn dda; yr oedd gaeafau oer yr Eidal yn wenwyn iddo ac yn ystod yr amser hwn dioddefodd bwl drwg o niwmonia dwbwl.

Ond yr hyn a'i doluriai fwyaf oedd yr hiraeth am y teulu bach a adawsai ar ôl yng Nghymru. Erbyn hyn yr oedd mab bach, Emyr Llywelyn, ar yr aelwyd yn Llangrannog. Yr oedd gadael y bychan yn torri calon y tad a bu'r alltudiaeth hir ymhell o gartref yn anodd ei dioddef. Troes at y geiriau am gysur a rhoes lais i'w hiraeth a'i rwystredigaeth fel tad mewn cerdd fach sy'n ein cyffwrdd ni oll:

> Cefais heddiw ddarlun bychan,
> Darlun tlws ohonot ti,
> Ac mae'th wên, fy mhlentyn annwyl,
> Heno'n gysur mawr i mi.
>
> Llygaid glas a gwallt modrwyog,
> Unlliw graean min y lli,
> O rwyf wedi edrych ganwaith
> Eisoes ar dy ddarlun di.
>
> Tra caiff eraill wylio drosot
> A mwynhau dy branciau i gyd
> Does i mi ond hen atgofion
> Melys iawn a darlun mud.
>
> Gwn fydd iti fynd i gysgu
> Heno'n saff ar fron dy fam,
> Rhoddaf innau lun fy mhlentyn
> Yn fy mynwes rhag pob cam.

Mae'n amlwg felly fod ysgrifennu yn ddihangfa iddo yn y cyfnod hwn a phan gâi gyfle anfonai gerddi o'i eiddo i 'Babell Awen' Dewi Emrys yn *Y Cymro*. Weithiau, câi glod, dro arall beirniadaeth lem fyddai'n ei ddisgwyl. Ond beth bynnag fyddai'r adwaith, yr oedd y prentis yn datblygu ac yn ennill hyder.

Byddai'n cystadlu hefyd mewn eisteddfodau lleol. Enillodd ar y delyneg yn Seilo, Rhos Llangeler, yn 1946 ar y testun 'Llwybrau

Hedd'. Yr oedd y rhyfel erbyn hyn ar ben, ac yn y cyfnod hwn fe'i symudwyd yn ôl ac ymlaen rhwng yr Eidal a gogledd Affrica yn ôl y galw. 'O Libya' oedd ei ffugenw.

> Rhaid imi fynd yn ôl cyn hir
> I dir y dolydd gleision,
> Rwy'n clywed galw'r lleisiau pell
> Yng nghyfrin gell fy nghalon.
>
> Rhaid imi fynd i weld y ffa
> A'r lili gynta'n agor,
> I weld melynlliw perthi llawn
> A'r mawn yn gwrido'n borffor.
>
> Rhaid imi fynd yn ôl cyn hir,
> Yn ôl i'r tir a garaf,
> Mae ffliwtiau'r haf ar ddôl a llwyn
> Yn galw'n fwyn amdanaf.
>
> Ar fryniau'r tywod maith di-floedd,
> Ym merw'r strydoedd llawnion,
> Rwy'n clywed galw'r llwybrau pell
> Yng nghyfrin gell fy nghalon.

Yr oedd yn gas ganddo'r rhyfel a'r ffaith iddo golli'r cyfle i fod yn rhan o fagwraeth ei fab, Emyr, yn y blynyddoedd ffurfiannol. Tebyg ei fod hefyd yn ormod o Gymro i fod yn gysurus ym myddin ymerodrol Prydain Fawr. Ar ben hynny yr oedd yn heddychwr wrth reddf. Fel nifer o fechgyn ifanc eraill cafodd ei gario gyda'r llif Prydeinig tua maes y gad. Rhaid cofio nad oedd gan y werin ar y pryd fawr o gydymdeimlad â'r gwrthwynebwyr cydwybodol; 'conshis' oedd y term diraddiol amdanynt. Yr oedd angen cryn dipyn o ddewrder moesol ar lanc ifanc i wrthsefyll y pwysau a roed arno i gydymffurfio â dymuniad y Wladwriaeth a go brin y byddai mab i deulu cyffredin o Bentre-cwrt mewn sefyllfa i wneud safiad o'r fath.

Ddegawd yn ddiweddarach, yr oedd y darlun yn gliriach iddo ac mae'r cyn-filwr yn codi ei gap i'r heddychwr Waldo Williams. Ar ddechrau'r pumdegau gwrthododd y bardd o sir Benfro dalu'r dreth gan fod cyfran ohoni'n cael ei defnyddio i ariannu'r ymgyrch filwrol yng Nghorea. O ganlyniad i'w safiad, aethpwyd â'i eiddo ac fe'i carcharwyd yn Abertawe. Ni allai T. Llew lai na dangos ei edmygedd ohono mewn cerdd, 'Waldo yn y Carchar':

> Does arnom ddim c'wilydd
> Yma yng Nghymru lân,
> Am Sŵes a Chorea
> Ac am y niwclear dân,
> Nid ni fu'n ffrwydro'r bomiau
> A lledu'r gwenwyn mân.
>
> Heddiw, a hi'n ddydd Gwener
> Cawn dyrru tua'r mart
> I brynu ac i werthu
> Ac yfed llawer cwart,
> Cyn fflamio tuag adre
> Yn ein moduron smart.
>
> A heno yn y Gweithe,
> A hi'n nos Wener tâl,
> Cawn daro gwadn ddiofal
> I rythmau'r miwsig sâl,
> Ac ni fydd neb yn hidio
> Fod Waldo yn y jâl.

> Yng ngharchar Abertawe
> Mae'r bardd â'i ddwylo 'mhleth.
> Ynghanol ein bydolrwydd
> Diolch fod un, ta beth,
> Yn ddigon egwyddorol
> I wrthod talu'r dreth.

O ganlyniad daeth y ddau fardd yn gyfeillion mawr. Gwyddai Tom Stephens, prifathro Talgarreg, fod pethau'n go fain ar Waldo yn ariannol ac er mwyn helpu'r achos byddai'n trefnu gwaith iddo fel tiwtor o dan nawdd Adran Efrydiau Allanol y Brifysgol a bu dosbarth nos llewyrchus ganddo am gyfnod yn Nhalgarreg. Byddai'n galw yng Nghoed-y-bryn i gael swper cyn mynd i'r dosbarth. Galwai hefyd o dro i dro yn hollol ddirybudd yn Nhŷ'r Ysgol i weld T. Llew gan aros am noson neu ddwy cyn gweithio'i ffordd yn ôl i sir Benfro.

Erbyn hyn yr oedd T. Llew yn heddychwr o argyhoeddiad a phan ofynnodd golygydd *Barddas* iddo drafod ei hoff gerdd o'i waith ei hun, dewisodd 'Y Weithred'. Fel yr esboniodd, y mae iddi gyfoeth o atgofion yn symlrwydd ei neges. Ysgogwyd hi gan lun a welodd ar raglen newyddion ar y teledu o brotestwraig ifanc yn bwydo'i baban ar y fron y tu allan i wersyll Comin Greenham yn yr wythdegau. Dewiswyd y clip yn fwriadol gan y Gorfforaeth Ddarlledu Brydeinig mewn ymgais gynnil i lywio barn Daily Mailaidd y gwylwyr rhag ofn iddynt gydymdeimlo'n ormodol â'r merched; yr awgrym oedd mai gartref oedd lle'r fam a'r baban. Ond i T. Llew yr oedd yn weithred brydferth a hollol naturiol ac aeth ag ef yn ôl i gymdeithas fwy gwâr y ddau gae o gynhaeaf a gofiai ym Mhentre-cwrt. Yno, byddai'r mamau ifanc yng nghanol y llafurio yn bwydo'u plant, a gysgai yn y cyhudd, o'r fron yn ôl y galw, heb dramgwyddo neb:

Eisteddodd wedi lludded
Y daith, â'i choesau 'mhleth.
Noethodd ei bron doreithiog
A rhoi i'w baban deth.

Yn sŵn caneuon protest
A nodau lleddf gitâr,
Drachtiodd ei chyw o ffynnon
Ddwfwn ei chariad gwâr.

Llonnodd fy nghalon drwyddi
Yng ngŵydd yr hen, hen wyrth;
Anghofiais drwstaneiddiwch
Y gwylwyr wrth y pyrth.

Ar waethaf dellni dynion
A llid gwladweinwyr ffrom, –
Bydd eto fam a baban,
A byd tu hwnt i'r bom.

Gyda'r perygl o wrthdrawiad niwclear yn hofran dros y byd, gwyddai T. Llew mai'r merched oedd yn iawn ac ar lawer ystyr mae hon yn gerdd goffa i Helen Thomas, merch ddisglair o Gastellnewydd Emlyn, a laddwyd yn ystod yr ymgyrch y tu allan i'r gwersyll. Yn wyneb ffolineb dynion, canodd yn delynegol i wragedd y canrifoedd, o famau'r gwŷr a aeth i Gatraeth hyd at bryderon ei wraig ei hun adref yn Llangrannog. Ni ddylid chwaith anwybyddu cyfeiriadaeth y geiriau 'mam a baban' sy'n ein harwain at stori geni Tywysog Tangnefedd ei hunan.

Mae yna un wraig arall sy'n hollol ganolog i'r gerdd fach hon, sef ei fam ym Mhentre-cwrt. Yn ôl ei merch, Megan, byddai ei mam yn gweddïo yn ei gofid bob nos am i'w mab gael dychwelyd yn ddiogel o'r rhyfel.

Atebwyd y gweddïau wedi'r Cadoediad. Ond yn eironig iawn, mae'n bosib y byddai'r milwr anfoddog wedi cael dod adref ynghynt oni bai am ei ddawn fel cricedwr. Yr oedd yn aelod rhy werthfawr o dîm criced y gwersyll i'w ryddhau cyn bo raid. Ac yr oedd gemau eraill i'w hennill.

Ond adref y daeth wedi'r ergyd olaf a chafodd groeso tywysogaidd. Yr adeg honno byddai pob pentref yn cynnal cyfarfodydd i groesawu milwyr y fro yn ôl o faes y gad. Ym Mhentre-cwrt cafwyd cyngerdd i anrhydeddu cyfraniadau T. Llew, Lyn Evans, Maesawelon, ac Islwyn Hughes, Cross Hands, i'r ymgyrch. Rhan bwysig o'r adloniant fyddai penillion y bardd gwlad. Dyma gyfarchion Ifan Lewis, neu Tegfab yn ôl ei enw barddol, i T. Llew:

> Yma ym Mhentre-cwrt y down,
> Cael cyngerdd bach fel hyn
> Gan anghofio trwblau'r byd
> A'i droi i gyd yn wyn.
> Croeso iddynt ddewrion rown
> 'Rôl dod i'w hannwyl fro
> At berthnasau a rhai hoff
> Fu'n disgwyl er ys tro.
>
> Tri o'r 'airmen' heno sydd
> Yn gwisgo'r dillad glas;
> Eu croesawu hwy yn ôl
> Wnawn ninnau gyda blas.
> Dyma'r bechgyn haedda'n bri
> A chlodydd bob rhyw awr,
> Nid oes 'Air Force' yn y byd
> Fel 'Air Force' Prydain Fawr.

Cyntaf, Tom Llywelyn Jones,
Waun Cottage, L.A.C.
Fu am amser maith o dro
Yn brwydro trosom ni.
Am dair blynedd a thri mis
Bu'n goddef gwres yr haul,
Gyda llwch yr Affrig fawr
I Gristion oedd rhy wael.

Un o'r hoffaf 'army boys'
Yw hwn o'i ben i'w draed,
Ymlid lluoedd Rommel hy'
A wnaethant yn ddi-baid.
Bydd Jones yn cofio Alamein,
Benghazi a Thobruk,
Ffordd yma y bu'r Jerry a'i nerth
Am hir yn dala twc.

Ond y balcha o'i weld yn dod
'Rôl bod am amser hir
Yw ei briod hoff a llon
Â chalon wresog, bur.
Mrs Jones ei diolch ro
O'i weld mor gryf ac iach,
Ac y mae yntau'n falchach fyth
O weled Emyr bach.

Nid oedd hwn ond pedwar mis
Pan hwyliodd ef i ffwrdd;
Caled gadael gwraig a mab
Heb wybod beth ddoi' gwrdd.

Ond gwnaeth llaw Rhagluniaeth gref
Ei gadw heb un clwy,
Er bod miloedd wedi mynd,
Cawn gofio'u tynged hwy.

I chwi, Tom Llywelyn Jones,
Y gorau rof yn awr,
Deued heddwch cyn bo hir,
A hefyd doriad gwawr.
Fel ein bechgyn ddaw yn ôl,
Bob un yn iach, i dre
A'r holl ferched gyda hwy
Ac wedyn, dyna le!!

Mae'r penillion yn costrelu naws Brydeinig y cyfnod i'r dim ac yn dangos cymaint oedd parch ardal tuag at y bechgyn a fu'n amddiffyn Prydain rhag bygythiadau Hitler. Yn ddadlennol, ni chafodd ei frawd yng nghyfraith, Capten Jac Alun Jones, ei anrhydeddu am ei ddewrder gan ei bentref. Fel aelod o'r Llynges Fasnach, bu yntau'n rhan allweddol o'r frwydr; yn fynych bu'n rhaid iddo lywio'i long heb unrhyw warchodaeth swyddogol drwy ddyfroedd peryglus a gynnau'n tanio ati. Cafodd gynnig medal gan yr awdurdodau yn ddiweddarach, ond fe'i gwrthododd. Eto, gan nad oedd yn aelod o'r Lluoedd Arfog, a'i fod yn heddychwr wrth reddf, anwybyddwyd ei gyfraniad gan y Cyngor lleol pan aethant ati i drefnu cyfarfodydd croeso i'r bechgyn.

Yr oedd yna Degfab ym mhob cwmwd i ganu clodydd y milwyr ar fydr ac odl a llu o gantorion, adroddwyr ac artistiaid eraill i gynnal cyngherddau fyddai'n llenwi pob neuadd a festri yn y cymdogaethau. Yr oedd mynd ar 'y pethe' a pharch aruthrol i'r sawl fedrai drin geiriau'n ddeheuig. Sylwodd y bardd Eingl-Gymreig Idris Davies ar y nodwedd hon wedi iddo dreulio amser yn Llandysul:

> Later in the evening we called at an old inn on the Carmarthenshire side of the river, and found the real rustic atmosphere. The parlour was lit by paraphin-lamp; two or three old gentlemen sat in the old-fashioned wide fireplace, and a few others played dominoes in the dim corner, each with his ale ready to hand. It was just a Welsh translation of a scene from Thomas Hardy's *Far From the Madding Crowd*. And when hearts grew warmer and tongues freer the poetry of the countryside began to flow like the Teify river; stanza after stanza of Welsh poetry, with an occasional passage from Shakespeare. I have been in similar inns in the English countryside, but there the poetry was always conspicuous by its absence. The Welsh peasant can be hard-headed – especially the Cardi and his Carmarthen cousin – but these people never seem to lose their sense of poetry ... This valley is as rich in poetry as it is in farm produce. At least, the potentialities are there. Some day the harvest will be golden.

Cynnyrch y gymdeithas ddiwylliedig hon oedd T. Llew ac ni ellir gwadu dylanwad ei gynefin ar ei gân. Ymfalchïai'r broydd yn ei lwyddiant fel y dengys y cofnod hwn, o dan 'Llangrannog', yn rhifyn 6 Chwefror 1948 o'r *Tivy-Side*:

Llongyfarchiadau calonnog i Mr T. Llywelyn Jones, Brown Hall, ar ei lwydd yn ennill cadair Deiniolen Sir Gaernarfon, y dydd o'r blaen. Lluosogi'n gyflym a wna llawryfoedd y pêr ganiedydd hwn. Ymhlith ei gadeiriau ceir cadair Eisteddfod Talaith Gwent, a gipiodd yr haf llynedd. Coronwyd ef am ei bryddest odidog 'Ceisio gloywach Nen' ychydig cyn hynny. Nid syn fydd clywed am lawer anrhydedd a ddaw eto i'w ran yn y dyfodol.

Yr oedd y colofnydd lleol, fel Idris Davies, wedi synhwyro'r cyffro yn y gwynt. Rhagflas ydoedd o'r llawnder oedd i ddod – dwy Gadair genedlaethol, hanner cant a mwy o gyfrolau rhyddiaith a barddoniaeth i blant ac oedolion heb sôn am y cannoedd erthyglau a gafodd eu medi ar y tir ffrwythlon rhwng Teifi a'r môr. Gwireddwyd proffwydoliaeth Idris Davies: 'Some day the harvest will be golden.'

Y gwron o Dalgarreg

Tom Llywelyn Stephens yw'r 'gwron o Dalgarreg', a dyna hefyd yw teitl y gyfrol deyrnged a olygodd T. Llew Jones yn 1967 o barch i'r ysgolfeistr a gafodd gymaint o ddylanwad arno. Cymysg fu profiadau T. Llew fel disgybl ei hunan, ar ôl gadael dedwyddwch cartrefol ysgol Capel Mair am awyrgylch galetach dosbarthiadau Saron a Llandysul. Mwynhaodd ei gyfnod byr fel 'disgybl-athro' ym Mhentre-cwrt a phan ddychwelodd o'r rhyfel, yn aeddfetach gŵr, aeth ati i ddilyn cwrs hyfforddiant dwys i fod yn athro a gynigid ar y pryd i aelodau'r Lluoedd Arfog. Cafodd ei gymhwyso ar gyfer ei ddewis alwedigaeth yng Ngholeg Hyfforddi Caerdydd cyn cael ei benodi gan Gyngor Sir Ceredigion yn athro dros dro yn y Borth, i'r gogledd o Aberystwyth. Ond yr oedd y Borth ymhell o'i deulu bach yn Llangrannog ac arian llety'n brin. Cofleidiodd felly'r cyfle a gafodd ymhen rhyw naw mis i ddychwelyd i odre'r sir i Dalgarreg at T. Ll. Stephens.

Ni wyddys yn iawn pa un ai lwc neu ddoethineb y Cyfarwyddwr Addysg, Dr J. Henry Jones, a yrrodd y darpar athro dihyder i Dalgarreg at T. Ll. Stephens. Yn sicr, nid oedd y prifathro yn ei ddisgwyl gan fod ganddo eisoes athro cynorthwyol a oedd yn llanw ei le'n gampus a bu'n rhaid i T. Ll. Stephens ffonio'r Swyddfa Addysg am esboniad a chyfarwyddyd pan laniodd T. Llew yn ddirybudd yn yr ysgol un bore Llun. Beth bynnag, syrthiodd y coelbren o blaid T. Llew a bu'r penderfyniad hwnnw yn garreg filltir bwysig yn ei ddatblygiad fel athro plant.

Ysgol anodd oedd Talgarreg pan aeth T. Ll. Stephens yno yn 1928. Yr oedd diffyg disgyblaeth yn rhemp a champau adar nos y pentref yn ddihareb. Brwydrodd y prifathro'n galed i sefydlu trefn a bu defnydd trwm o'r gansen yn y dechrau yn ôl y sôn. Ond sylweddolodd y plant a'r ardal yn fuan iawn fod y Mishtir newydd yn meddwl busnes ac erbyn i T. Llew gyrraedd yr oedd pethau wedi hen wastodi, ac ni welodd ef unrhyw gosbi corfforol yn y cyfnod y bu yno; sylwodd mai un o nodweddion amlycaf yr ysgol oedd ei disgyblaeth dawel, gyfeillgar. Yn wir, yn ôl tystiolaeth gweinidog Pisgah ar y pryd, y Parchedig Gwilym Morris, gallai Tom Stephens gau drws ystafell ddosbarth ei ddisgyblion a'u cadw'n dawel yno am brynhawn cyfan tra byddai yntau mewn cyfarfod o'r Pwyllgor Addysg yn Aberaeron wyth milltir i ffwrdd. Byddai pawb, o'r plant a'r rhieni hyd at y Cyfarwyddwr Addysg, yn gwybod pwy oedd y bòs. Dyna un o'r gwersi cyntaf a ddysgodd y darpar brifathro swil yn ystod ei gyfnod wrth draed T. Ll Stephens, ac yn ôl tystiolaeth nifer o ddisgyblion T. Llew ei hunan yn Nhre-groes a Choed-y-bryn rhoddwyd yr un egwyddor ar waith yn yr ysgolion hynny. Ond, eto, er bod yno ddisgyblaeth gadarn, hyd yn oed yn ôl safonau llai rhyddfrydol y cyfnod hwnnw, roedd y plant yn ei barchu'n aruthrol ac yn meddwl y byd ohono.

Datblygodd T. Llew sgiliau eraill hefyd, pwysicach o'r hanner, yn ystod ei gyfnod yn Nhalgarreg. Yr oedd Tom Stephens yn gymeriad diwylliedig ac amryddawn. Yr oedd yn fardd, yn llenor, yn gerddor ac yn ddeheuig gyda'i ddwylo; gallai droi ei law at unrhyw dasg yn ôl y galw. Ar ben hynny yr oedd yn arweinydd naturiol ac yn addysgwr praff. O dan ei ofal datblygodd ysgol Talgarreg yn batrwm o ysgol wledig a thanlinellwyd hynny yn adroddiad Arolygwr ei Mawrhydi, Tom Owens, yn 1937. Cydnabyddir bod yr ysgol wedi ei thrawsnewid yn llwyr gan y prifathro newydd a'i gyd-athrawon. Canmolodd flaengarwch y dysgu a'r modd y cyflwynid meysydd fel Daearyddiaeth a Hanes i'r plant yn ogystal â phynciau mwy ymarferol megis coginio, garddio a gwaith llaw. Rhoddid pwyslais mawr yno hefyd ar ddysgu iaith, yn enwedig y Gymraeg, a nodir bod graen arbennig ar waith ysgrifenedig plant yr ysgol. Iaith estron, i bob pwrpas, oedd Saesneg i blant Talgarreg yn y cyfnod hwn, eto mae'r adroddiad yn talu teyrnged i'r modd y llwyddwyd i'w chyflwyno a'i dysgu i'r plant mewn cyfnod cymharol fyr. Ond yn y bôn Cymro i'r carn oedd T. Ll. Stephens ac un o'i gymwynasau mawr â'r genedl oedd iddo ailddihuno Cymreictod cynhenid T. Llew Jones a'i ysbrydoli i fod yn wladgarwr o ddifri. Fel y cydnebydd yn y cywydd a gyfansoddodd i'w fentor ar gyfer yr Ŵyl Goffa a drefnodd Urdd Gobaith Cymru yn Nhalgarreg:

> Yn yr iaith hen fe'm trwythodd
> A'r iaith fu mwy wrth fy modd.

Ond ofer pob disgleirdeb addysgol heb gariad tuag at blant a chonsýrn ymarferol amdanynt ac un o frawddegau mwyaf dadlennol Adroddiad 1937 yw hon: 'Slippers are kept in school for children who get their feet wet on rainy days.' Y tynerwch a'r anwyldeb hwn a welodd yn Nhalgarreg oedd un o ganllawiau pwysicaf gyrfa T. Llew fel ysgolfeistr. Sylweddolodd mai lles y plant ddylai gael y flaenoriaeth bob amser ac er iddo fod yn brifathro caredig a chefnogol i'w staff, rhaid nodi nad oedd lle yn ei ysgol ef i'r sawl na fedrai barchu'r safonau disgwyliedig a gwae unrhyw un a'i croesai. Yn hyn o beth yr oedd y Gwron o Dalgarreg yn dal wrth ei ochr.

Pwy all fesur gwerth treulio blwyddyn o dan lygad craff a charedig T. Ll. Stephens? Cynyddodd ei hunanhyder wrth iddo gael ei ganmol a'i gymell. Yn ystod yr awr ginio ac erbyn nos byddent wrthi ill dau yn cynllunio ac yn paratoi gwersi, yn gosod nodau ac amcanion ac yn trafod y canlyniadau dysgu. Yna, ar ambell benwythnos aent gyda'i gilydd i rai o'r mynych gynadleddau a gynhelid ym Mhlas y Cilgwyn ger Castellnewydd Emlyn o dan nawdd yr Urdd a'r Mudiad Llyfrau Cymraeg a oedd newydd ei sefydlu. Profodd brwdfrydedd a dyfeisgarwch yr ysgolfeistr yn heintus wrth i'r athro dros dro gamu i fyd newydd a chyffrous. Erbyn hyn yr oedd yna dân yn y galon a haearn yn y gwaed a barnodd y mentor doeth ei bod hi'n bryd i'r prentis ifanc gael y cyfle i reoli ei ysgol ei hunan.

Ar yr union adeg honno yr oedd prifathrawiaeth ysgol Tre-groes yn wag a phenderfynwyd mynd amdani. Yr oedd hawl gan ymgeiswyr i ganfasio'r cynghorwyr yn agored ar y pryd. Yn wir, disgwylid hynny a byddai i ymgeisydd fethu cyflwyno'i hunan rhag blaen i'r holl gynghorwyr yn cael ei ddehongli fel arwydd o ddiffyg diddordeb yn y swydd; ni ellid ystyried dangos y fath amarch at y rhai fyddai'n penodi. Felly teithiodd y ddau ohonynt gyda'i gilydd o amgylch Ceredigion i ymweld â phob cynghorydd sir a chan fod T. Ll. Stephens yn eu hadnabod i gyd yn bersonol ac yn uchel ei barch ganddynt nid oedd fawr o syndod i T. Llew Jones gael ei benodi'n ysgolfeistr newydd Tre-groes, a hynny bron yn unfrydol. Wedi clywed y canlyniad, gofid, a difyrrwch pennaf, T. Ll. Stephens oedd bod yna dri bradwr a fethodd ei gefnogi yn eisedd ar Gyngor Ceredigion!

Pan fu T. Ll. Stephens farw yn drigain a dwy oed yn 1959 collodd T. Llew Jones gyfaill triw. Ysgrifennodd soned wych, 'Y Gwladgarwr', er cof amdano:

> Derbyniodd Cymru yn dreftadaeth dlawd,
> A charodd bridd ei daear lwyd, a'i llên,
> Ysgwyddodd ei gofidiau er pob gwawd,
> Ac aeth i'r gad fel meibion Llywarch Hen.
> Safodd yn rhengoedd tenau'r ffyddlon rai,
> Bu'n gadarn ymhob brwydr gyda hwy,
> Ac wedi'i golli ef bydd un yn llai
> I warchod wrth y rhyd ym Morlas mwy.
> Gwariodd ei nerth a'i nwyf, heb chwennych elw,
> Yn dwyn ein baner racs o lan i lan;
> Bydd Cymru'n dlotach heb ei farchog gwelw,
> Heb argyhoeddiad ei leferydd gwan.
> Fe losgai ynddo fflam, a'i lludw sydd
> Ym Mhisgah heno dan y pentwr prudd.

Mae'n werth cofio bod T. Ll Stephens wedi rhoi lloches i Dewi Emrys yn nyddiau'i angen a bod T. Llew, a'i dad hefyd, wedi bod yn anfon rhai o'u cerddi at Dewi Emrys ar gyfer 'Pabell Awen' *Y Cymro*. Er nad oedd Dewi Emrys yn cadw'r un oriau â phobl eraill Talgarreg, mae'n anodd meddwl na fu ambell sesiwn felys rhwng y prentis a'i athro barddol yn ystod y cyfnod hwn. Flynyddoedd wedyn bu T. Llew yn darlithio am ei athro barddol i gymdeithasau ar hyd y wlad.

Aeth T. Llew o Dalgarreg i fod yn ysgolfeistr Tre-groes, rhyw bum milltir i ffwrdd. Bu yno am saith mlynedd, yn uchel ei barch ac yn flaenllaw yn y gymdeithas. Ymunodd â'r Eglwys leol ac fe'i dyrchafwyd yn Warden. Ac ar ôl iddo adael cyhoeddodd gyfrol ar y cyd â Mrs Kate Davies yn dathlu canmlwyddiant yr ysgol. Erys ei ddylanwad ar y cylch hyd heddiw ac mae yna bobl yn Llandysul sy'n taeru y gellir adnabod ei gyn-ddisgyblion yn Nhre-groes, a Choed-y-bryn hefyd, wrth eu Cymraeg graenus.

Mae Eleri Davies, a fu'n athrawes Gymraeg yn ysgolion Castellnewydd Emlyn a Llandysul, cyn mynd yn ddarlithydd yng Ngholeg y Drindod, Caerfyrddin, yn cofio'r cyfnod. Cyn dechrau ar ei chwrs hyfforddi fel athrawes trefnodd ei bod yn treulio ychydig amser gyda T. Llew Jones yn ysgol Tre-groes. Profodd yn benderfyniad doeth a bu gweld y prifathro yn cyfareddu ei ddosbarth â'i ddawn adrodd stori yn agoriad llygad iddi. Bron na ellid dweud ei fod yn eu hypnoteiddio un ac oll, gymaint oedd ei afael arnynt. Mae stori dda, llais cyfoethog a dawn dweud yn gyfuniad pwerus. Bu'r cyfnod a dreuliodd yn Nhre-groes yn hollbwysig i Eleri Davies yn ei gyrfa fel athrawes ac addysgwraig. Mae'n dal i deimlo'n ddyledus i T. Llew Jones am ei hysbrydoli a rhoi nod aruchel iddi i gyrchu ato. Erbyn hyn yr oedd prifathro Tre-groes yn gosod y safon yng nghylchoedd addysg Ceredigion.

Yn 1958 daeth ysgol Coed-y-bryn yn rhydd ac, yn wahanol i Dre-groes, yr oedd tŷ newydd yn rhan o'r fargen. Er ei bod yn dipyn llai o ysgol o ran niferoedd y plant, fe demtiwyd T. Llew, a oedd yn magu teulu ifanc ar y pryd, i fynd amdani. Ac fe'i cafodd. Ac yno y bu am weddill ei yrfa yn hapus ymysg ei bobl ei hun, yn paratoi plant breintiedig yr ardal ar gyfer y byd mawr tu allan. Daeth yn adnabyddus fel ysgolfeistr blaengar ac ymroddedig. Rhoes y pentref ar y map gan fod parch aruthrol i T. Llew Jones, Coed-y-bryn, ar hyd coridorau byd addysg ledled Cymru.

Cafodd, er hynny, brofiad trychinebus yn ystod ei gyfnod yng Nghoed-y-bryn. Diwrnod Cymanfa Ganu plant yr Urdd yng nghapel Seion, Llandysul, oedd hi ac yr oedd nifer o'r plant wedi cael gwahoddiad i fynd yno. Yn eu plith yr oedd Dilys, Argoed, merch fach wyth oed a oedd i bob golwg yn holliach ar y bore tyngedfennol hwnnw. Ond yn ystod y dydd fe'i trawyd yn wael gan ryw afiechyd sydyn a aeth â'i bywyd mewn amrantiad. Bu'r digwyddiad yn ysgytwad aruthrol i'r gymuned gyfan ac i'r ysgolfeistr teimladwy. Tasg anodd oedd dod i delerau â thrychineb fel hon a throi at eiriau wnaeth y bardd ynddo er mwyn rhoi teyrnged barhaol iddi. Aeth ati i weithio cywydd syml ac urddasol er cof am Dilys, cywydd a ddylai hawlio'i le mewn unrhyw flodeugerdd Gymraeg o gerddi marwnad:

> Dilys, fy mechan annwyl,
> Mor iach yn llamu i'r ŵyl;
> Wrth fyned – deced â'r dydd
> Ei gwên hi a'i gŵn newydd.
>
> Hwyr y dydd ni throes o'r daith
> Dilys i Argoed eilwaith.
> O'r ysgariad ofnadwy!
> Mae'r Angau mawr rhyngom mwy.
>
> Distaw dan y glaw a'r gwlith
> Yw y gân ym Mryngwenith,
> Difai wyrth ei phrydferthwch
> Yma'n y llan roed mewn llwch,
> A gwae fi, mor ddrwg fy hwyl,
> Blin heb fy nisgybl annwyl;
> Harddach na blodau'r gerddi, –
> Fy Nilys ddawnus oedd hi.
>
> I'w hoergell aeth o Argoed
> Ddiniweidrwydd wythmlwydd oed,
> A gadael ar wag aelwyd
> Yn ei lle yr hiraeth llwyd.

Awn ni'n hen, dirwyna'n hoes,
Dihoeni yw tynged einioes;
Daw barn ein hoedran arnom,
A theimlo saeth aml i siom.

Erys hi fyth yn ifanc,
Llon ei phryd, llawen ei phranc,
Yn ein co'n dirion a del.
Nos da, fy Nilys dawel.

Er nad cywydd i blant yn benodol yw hwn, gallai ei chyd-ddisgyblion yng Nghoed-y-bryn, a phob ysgol arall, ei werthfawrogi fesul deigryn.

Gwyddai hefyd fod ei gyfrifoldebau fel athro plant yn ymestyn ymhell y tu hwnt i furiau'r ystafell ddosbarth a gatiau'r ysgol. Cariodd ei ddyletswyddau adref gydag ef a bu'r cyfnod yng Nghoed-y-bryn yn un hynod doreithiog. Yr oedd yn weithiwr diarbed ac aeth ati i gynhyrchu deunydd darllen diddorol ar gyfer plant Cymru. Cawn sôn am ei storïau a'i gerddi mewn penodau diweddarach ond mae'n werth cofio iddo, ar gais y Cyd-bwyllgor Addysg, gyhoeddi nifer o lyfrynnau addysgiadol ar gyfer yr ystafell ddosbarth yn llawn ymarferion dysgu iaith. Pwysleisiai'n gyson werth darllen, a gresynai fod plant oes y cyfrifiadur a'r we y dyddiau hyn yn dipyn llai tebygol o godi llyfr nag oedd eu mamau a'u tadau genhedlaeth ynghynt. Cofiai'n dda y pleser a gawsai wrth ddarllen nofelau Dickens yn grwtyn deg oed. Trwy ddarllen a darllen y daeth o hyd i fydoedd newydd cyffrous i ymweld â hwy. O fewn y cyfrolau hyn darganfu allweddi i ddrysau'r dychymyg.

Yn swyddogol bu T. Llew yn ysgolfeistr Coed-y-bryn o 1958 tan 1976 ond mewn gwirionedd daeth ei gyfrifoldebau beunyddiol fel prifathro i ben bedair blynedd cyn hynny. Dyma gyfnod penllanw ei weithgaredd fel awdur llyfrau plant ac fe'i rhyddhawyd am y blynyddoedd olaf hyn, fesul blwyddyn ar y tro, er mwyn rhoi cyfle iddo ysgrifennu rhagor. Er ei fod yn hynod ddiolchgar i'r Cyngor Sir ac i Gyngor y Celfyddydau am noddi'r cyfnodau sabothol hyn, yr oedd yn gweld eisiau'r plant yn ofnadwy. Ar y pryd daliai i fyw yn Nhŷ'r Ysgol, o fewn clyw lleisiau'r iard chwarae, a châi wahoddiad yn ôl bob blwyddyn i ymuno â gwibdaith yr haf ac i fwynhau'r cinio Nadolig. Yn ei ddyddiaduron ymfalchïa yn y ffaith fod 'yr hen blant' ar yr achlysuron hynny mor falch o'i weld ac yn gwneud cymaint ffws ohono. Yr hyn nas dywedir, ac eithrio rhwng y llinellau, yw bod yr athro'r un mor falch o'u gweld hwythau. Yr oedd wrth ei fodd yn eu cwmni, ac ar yr adegau pan ddeuai teulu i'w weld yn ei gartref er mwyn i'r plant gael cyfarfod â'u harwr, fe anwybyddai'r rhieni gan hoelio'i ddau lygad mawr glas ar y plant. Hwy a gâi ei holl sylw. Yr oedd yn well ganddo gwmni plant nag oedolion gan eu bod yn fwy agored a gonest ac yn llai dichellgar.

Ond ni thorrwyd ei gysylltiad â phlant pan adawodd Goed-y-bryn. Yn ystod ei flynyddoedd sabothol, ac ymhell wedi hynny, câi alwadau cyson i fynd ar deithiau i adrodd storïau i blant Cymru benbaladr. Dotient ato a châi groeso tywysogaidd ganddynt ym mhobman. Byddai wrth ei fodd yn ateb eu cwestiynau di-baid ac yn llofnodi eu llyfrau. Adroddaf un stori fach i roi awgrym o'i apêl garismataidd. Comisiynwyd ef i roi chwe sesiwn wythnosol yn ysgol Llanybydder ac, ar achlysur y chweched ymweliad, gwrthododd un o'r bechgyn fynd i chwarae rygbi dros y sir rhag iddo golli stori olaf T. Llew Jones. Dyna fesur o gyfaredd y Pibydd Brith hwn.

Er i'r corff arafu, ni phallodd y brwdfrydedd na'r ysbryd a bu wrthi tan y blynyddoedd olaf yn difyrru'r plant. Ar ei ben-blwydd yn naw deg oed bu'n gwefreiddio llond neuadd o ddisgyblion ac athrawon rhai o ysgolion Cymraeg Morgannwg yng Ngwersyll yr Urdd, Llangrannog. Trefnwyd y gynulleidfa yn hanner cylch o'i gwmpas ac fe ddaliodd sylw pob un ohonynt, yn blant ac oedolion, o'r eiliad gyntaf tan yr olaf. Andros o gamp i unrhyw un, heb sôn am ŵr deg a phedwar ugain oed.

Fel T. Ll. Stephens ni chwenychodd swyddi brasach; yr oedd wrth ei fodd yng nghwmni plant Coed-y-bryn. Fel T. Ll. Stephens hefyd gweithiodd yn ddygn yn y dirgel ar Bwyllgorau Addysg y Cyngor Sir. Yn y fan hon carwn nodi bod llawer math o bwyllgorwr yn bod. I nifer, yn enwedig ym myd addysg, gêm i'w chwarae er mwyn cael difyrrwch yw pwyllgora. Cânt fwynhad mawr wrth lusgo clust agenda yn ôl ac ymlaen am gwpl o oriau. Rhan o'u hwyl yw tin-droi yn yr unfan am hydoedd, fel cath yn chwarae â llygoden, a'u pleser pennaf yw profi'n llafar eu gallu i chwarae gêm o reolau caeth yn erbyn gwrthwynebwyr teilwng o gyffelyb fryd.

Ond nid un felly oedd T. Llew. Casbethau iddo oedd siarad gwag a gwastraffu amser, ac yr oedd ganddo reitiach gemau megis criced, gwyddbwyll a chynganeddu i'w chwarae yn ei amser sbâr. Gwyddai, er hynny, fod y grymoedd i gyd yn gorwedd yn nwylo'r pwyllgor ac nad oedd unrhyw fodd i gyflwyno gwelliannau heb ymuno â hwy o amgylch y bwrdd i ddadlau ei achos. Cyflawni oedd ei nod ef a'i sêl ddiwyro dros wella addysg y plant, yn hytrach nag unrhyw uchelgais bersonol, a wnaeth ei gymell i ymuno â'r Cyngor Addysg yn Aberaeron. Bu yno'n fynych, yn llais unig, yn dadlau achos aelodau gweithredol Cymdeithas yr Iaith, megis Ieuan Wyn ac Emyr Hywel, pan fyddai'r mwyafrif llethol o'r cynghorwyr sir a'r Cyfarwyddwr Addysg hefyd yn awyddus iawn i ddysgu gwers gostus i'r athrawon ifanc, gwladgarol. Fel T. Ll. Stephens o'i flaen, cariodd yntau 'ein baner racs' o bwyllgor i bwyllgor a châi ar adegau ei dristáu hyd at ddagrau gan daeogrwydd ei gyd-Gymry.

Fel aelod o UCAC bu'n rhan o'r frwydr ffyrnig a llwyddiannus dros sefydlu ysgol uwchradd Gymraeg yn Aberystwyth ar ddechrau'r saithdegau, pryd y'i siomwyd yn arw o weld cymaint o Gymry blaenllaw'r sir yn ymuno â rhengoedd gwrth-Gymraeg y Coleg i wrthwynebu'r fenter. Yn fuan wedyn yr oedd wrthi eto yn ymgyrchu dros sefydlu ysgol Gymraeg yn nyffryn Teifi, ac er bod pobl godre'r sir yn llawer parotach i groesawu'r datblygiad bu raid iddo ddarbwyllo ambell Gymro claear a Sais diddeall o bwysigrwydd darparu addysg gyflawn trwy gyfrwng y Gymraeg i blant Cymru. Bu sefydlu Ysgol Gymraeg Dyffryn Teifi ar safle ei hen ysgol, y Llandyssul County Grammar School, gyda dwy 's', yn destun balchder iddo a galwyd arno i ddychwelyd yno yn fynych i siarad â'r plant.

Bu'n weithgar hefyd o fewn mudiad Undeb Cenedlaethol Athrawon Cymru. Yma eto bu'n gwarchod 'wrth y rhyd ym Morlas' a chafodd y fraint o fod yn Llywydd Cenedlaethol y mudiad. Yr oedd yn gadarn ei egwyddorion a gallai, o'i gythruddo, fod yn llym mewn pwyllgor fel y darganfu un aelod a roddodd sêl ei fendith ar benodi person di-Gymraeg i brifathrawiaeth un o ysgolion gogledd sir Benfro. Gwelai UCAC fel urdd broffesiynol yn hytrach nag fel undeb llafur. Fe'i crëwyd er mwyn brwydro dros statws teilwng i'r iaith Gymraeg o fewn y gyfundrefn addysg ac nid i lanw pocedi'r aelodau a gwella'u safon byw. Cafodd siom fawr flynyddoedd yn ddiweddarach pan benderfynodd UCAC streicio er mwyn cael rhagor o gyflog: iddo ef yr oedd y weithred hon yn gwbl groes i egwyddor sylfaenol y mudiad. O ddarllen ei ddyddiaduron gwelir nad oes ganddo fawr i'w ddweud wrth yr undebau hynny a fyddai'n atal eu llafur yn ddiddiwedd. Er hynny, cefnogai ymgyrch y glowyr ar ddechrau'r wythdegau gan mai streicio am yr hawl i weithio a wnaent, ac nid am ragor o arian.

Yn groes i gred llawer, nid oedd arian fel y cyfryw o dragwyddol bwys iddo. A'r byd Prydeinig mewn cyfwng diwydiannol, hiraethai am weledigaeth Gwyddelod tlawd Connemara yng ngorllewin Iwerddon:

> Mae'r cyni mawr ym mro Connemara,
> Cyni a thlodi'n gignoeth weledig,
> Mwdwl yw'r das a thenau'r asyn,
> Di-egin y grwn a dygn y graig.
>
> Ond glynu wrth ddaear hen Connemara
> A wna'r hil yn y glaw a'r heulwen:
> A gwŷr union a fegir yno,
> Cydnerth a phrydferth eu cyrff yw'r rhain;
> A phwyllog eu myned fel rhai sy'n credu
> Yn Nuw a'i ddi-ffael gynhaeaf.
>
> A heno, a'r llanw a'r gorllewinwynt
> Yn hwtio'u gwawd uwch y toeau gwellt,
> Rhag mwrllwch y nos bydd cymdogol glosio
> I oed lawen o gyd-chwedleua

Ar aelwydydd hen, a rhoir matsien i'r mawn;
A cheir adrodd am fynych wrhydri
Tywysogion Tara a'u tasgau anturus.
Hen, hudol a hardd yw chwedlau Iwerddon,
A hen yw mawredd gwŷr Connemara.

Yn sŵn ein hymrysona,
Ein dadlau mawr a'n cystadlu am arian, –
Heno mae hiraeth am Gonnemara
Lle trig y tlodion bodlon eu byd.

Gwelodd yntau hefyd amser digon main yn ei orllewin ei hunan, ond ni fu erioed yn llwm o ofal a chariad. Wedyn fel penteulu ifanc rhaid oedd iddo gyfrif pob ceiniog a chynllunio'n ofalus at y dyfodol. Yn naturiol felly bu'n barod i ymladd yn daer â chyhoeddwyr llyfrau a chynhyrchwyr y cyfryngau torfol am ei gyfran haeddiannol o'r da. Ond mae'n bwysig nodi mai ei gyfrifoldebau dros ei wraig a'i deulu, nid trachwant am gyfoeth, a'i cymhellai i fynd â'r maen i'r wal.

Gwyddai fod gan UCAC frwydrau pwysicach i'w hymladd na chwyddo pacedi pae ei aelodau. Yr oedd hwn yn gyfnod o fewnfudo mawr i galon y broydd Cymraeg yn y gorllewin, ac er i ysgol Coed-y-bryn ddal yn gadarn ei Chymreictod tra oedd ef wrth y llyw, gofid mawr iddo oedd gweld ysgolion pentrefi cyfagos fel Rhydlewis ac Aber-banc yn troi yn fwyfwy Seisnig. Yn y blynyddoedd hynny o deithio o amgylch Cymru cafodd gyfle i weld faint o'r gloch oedd hi ar yr iaith mewn gwirionedd. Byddai annerch cant neu fwy o blant, a phob un ohonynt yn Gymry Cymraeg, mewn cadarnleoedd megis Trawsfynydd a'r Bala yn codi ei galon. Ymfalchïai hefyd yn llwyddiant athrawon ysgolion Cymraeg y cymoedd a Chaerdydd i droi plant bach o gartrefi di-Gymraeg yn Gymry rhugl.

Ond yr oedd ambell siom hefyd, a hynny yn aml yng Ngheredigion ei hunan. Ar un achlysur bu raid iddi droi i'r Saesneg er mwyn cyfathrebu â phlant Swyddffynnon, ger Tregaron. Ac yn ystod blynyddoedd ei ymddeoliad clywodd iaith buarth ysgol Pontgarreg, yr ochr draw i'r hewl o'i gartref yn Nôl Nant, yn troi i'r iaith fain. Lleisiodd y pryderon hyn yn groyw yn ei haraith fel Llywydd y Dydd yn Eisteddfod Genedlaethol yr Urdd yng Nghastellnewydd Emlyn yn 1981: 'Y mae un peth sy'n ein poeni yn nyffryn Teifi 'ma ers tro bellach. Hwnnw yw gweld yr iaith Gymraeg, iaith naturiol y dyffryn, yn dirywio'n raddol ac estroniaith yn cymryd ei lle. Mae'r Gymraeg fel petai'n llifo i ffwrdd gyda lli'r afon.'

Gofidiai am ddyfodol tymor hir yr iaith a theimlai nad oedd yng Nghymru bellach genhedlaeth o bobl ifanc a oedd yn barod i aberthu drosti.

I gloi'r bennod hon ar yr athro ysgol, dychwelwn i'r man cychwyn, i Dalgarreg at T. Ll. Stephens. Mae gan T. Llew englyn coffa iddo:

> Ar hyd ei oes carai dant, – carai'r iaith,
>   Carai'r hen ddiwylliant,
>   Carodd Gymru'n ddiffuant;
> A'i gwbl oedd addysg ei blant.

Mae'n deyrnged gywir iawn i'r gwron o Dalgarreg. Byddai hefyd yn ddarlun yr un mor deilwng o'r sawl a'i cyfansoddodd.

Un noson dywyll

Un prynhawn dydd Gwener tua 1923 yn ysgol Capel Mair cafodd crwt bach saith oed ei alw o'r ysgol fach i'r stafell fawr i glywed yr ysgolfeistr, Tom Davies, yn darllen stori i'r plant hŷn. Roedd y stori wedi ei gosod mewn tollborth unig yn y wlad a storm o wynt a glaw yn ei hanterth. Teimlai'r ceidwad y byddai'n rhy arw i neb fentro allan ar y fath noson. Ond yn sydyn clywodd sŵn carnau ceffylau yn agosáu a llais bygythiol o'r tywyllwch yn gweiddi 'Gate'. Agorodd y ceidwad y porth gan estyn ei law allan i dderbyn y doll, ond, yn lle hynny, gwthiwyd parsel i'w law a charlamodd y marchog i ffwrdd i'r nos. O agor y bwndel darganfu'r ceidwad fod ynddo faban bychan yn cysgu'n ddiniwed. Gyda hyn caewyd y llyfr yn glep ac addawodd yr athro barhau â'r stori ar y prynhawn Gwener canlynol.

T. Llew oedd y crwtyn bach a wahoddwyd i'r stafell fawr y prynhawn hwnnw, ond am ryw reswm nad yw'n hysbys ni chafodd fynd i wrando ar yr ail bennod ymhen yr wythnos. Gadawodd y bennod gyntaf honno ei hôl arno ac am bron hanner canrif bu'r stori'n ei boeni. Pwy oedd y baban a beth fu ei hanes? Yn y diwedd bu'n rhaid iddo fynd ati i orffen y stori a dyna fu'r symbyliad i ysgrifennu *Un Noson Dywyll*. Gwyddom erbyn hyn mai *Y Golud Gwell* gan Anthropos oedd y gynsail ac mae T. Llew yn cydnabod ei ddyled i'r awdur a'i symbylodd.

Ddau ddegawd a mwy yn ddiweddarach, yn y cyfnod wedi'r Ail Ryfel Byd, roedd T. Llew yn cychwyn ar ei yrfa fel athro. Darganfu'n fuan nad oedd pethau wedi newid fawr ers ei gyfnod yn ddisgybl yng Nghapel Mair. Yr oedd yna ddiffyg deunydd darllen Cymraeg i blant o hyd. Yr oedd digonedd o lyfrau Saesneg lliwgar i ddenu darllenwyr ifanc; dosbarthwyd hwy i ysgolion wrth y miloedd gan beryglu gallu plant Cymru i ddarllen yn eu hiaith eu hunain. Dim ond chwe llyfr Cymraeg i blant a gyhoeddwyd yn 1945 a thri ar ddeg yn 1950.

Tua'r adeg hon penodwyd Alun R. Edwards yn Llyfrgellydd Ceredigion. Yr oedd yn ifanc a brwdfrydig, yn Gymro i'r carn ac yn gyfuniad hapus o'r breuddwydiwr a'r gŵr ymarferol. Meddai ar y crebwyll gwleidyddol a'r cryfder mewnol i ddwyn y maen i'r wal; ni wnâi lleisiau gwrthwynebus aelodau pwyllgorau o bwys ond miniogi ei benderfyniad i ennill y dydd. Yr oedd hefyd o flaen ei amser a sylweddolai fod ei ddyletswyddau fel llyfrgellydd yn ymestyn ymhell tu hwnt i'r pedair wal. Gwelai ei hun fel gwarchodwr iaith, diwylliant a ffordd o fyw yn hytrach nag fel ceidwad llyfrau yn unig.

Gwelodd y broblem ac aeth ati ar ei union i weithredu. Yn 1951 cymerwyd cam pwysig drwy sefydlu Pwyllgor Llyfrau Cymraeg yn y sir a chanddo'r hawl i wario dwy fil o bunnoedd yn y flwyddyn ariannol honno er mwyn hybu ysgrifennu a chyhoeddi llyfrau Cymraeg i blant. O'r hedyn mwstard hwn y tyfodd y Cyngor Llyfrau Cymraeg ychydig yn ddiweddarach. Cytunwyd hefyd i brynu dau gopi o bob llyfr Cymraeg addas i blant i holl ysgolion y sir a thrwy hynny sicrhau marchnad i'r cyhoeddwr. Byddai'r cam nesaf o ddarbwyllo'r siroedd eraill i ddilyn esiampl Ceredigion yn gosod y fenter ar seiliau busnes cadarn.

Wedi creu'r farchnad yr oedd angen awduron i ysgrifennu llyfrau ar ei chyfer. Felly aeth Alun Edwards ati i alw cynhadledd ym Mhlas y Cilgwyn ger Castellnewydd Emlyn ac ar y penwythnos olaf o fis Medi 1951 daeth wyth a deugain o athrawon y sir ynghyd yn eu hamser eu hunain i gynnig eu gwasanaeth ac i ffurfio paneli er mwyn hyrwyddo'r dasg o gyhoeddi llyfrau Cymraeg ar gyfer plant o bob oedran. Yn eu plith yr oedd T. Ll. Stephens a T. Llew Jones o ysgol Talgarreg.

Bu'r gynhadledd gyntaf honno yn un hynod gyffrous ac yn garreg filltir yn hanes datblygiad llyfrau Cymraeg i blant. Yr oedd yna ysbryd newydd yn y tir, ac yn y Cilgwyn, rhyw ergyd carreg o'r tŷ lle sefydlodd Isaac Carter y wasg gyntaf yng Nghymru yn 1718, cymerwyd y camau pwysig cyntaf tuag at chwyldroi'r sefyllfa a pharatoi deunydd darllen teilwng ar gyfer yr ysgolion. Ysbrydolwyd nifer o'r rhai a oedd yn bresennol i fynd ati i ysgrifennu, fel J. R. Evans a'i wraig Dilwen, y pryd hynny o Ben-uwch ac yn ddiweddarach o Lanilar; Eiddwen James o Lanfair Clydogau; Mary Jones, Pennant; T. Ll. Stephens, Talgarreg; Gwynfil Rees, Aberaeron a Sali Davies, Llanbedr Pont Steffan.

Ond mae Alun Edwards yn cyfaddef yn ei hunangofiant, *Yr Hedyn Mwstard*, mai T. Llew Jones oedd y pysgodyn mwyaf a ddaliwyd ar lannau Teifi yng nghynadleddau'r Cilgwyn. Yn y gyfrol honno mae'n hanner ymddiheuro am ddwyn y bardd oddi ar y genedl a'i droi'n awdur llyfrau plant. Ond â ymlaen i gyfiawnhau ei hunan drwy ddatgan fod y cyfryw alwedigaeth yn llawer pwysicach i Gymru'r cyfnod, a bod beirdd yn cael llawer gormod o sylw ar draul awduron rhyddiaith. Mae gennyf innau gof plentyn ohono ar ddechrau'r pumdegau yn pregethu'r genhadaeth hon yn neuadd Pontgarreg, dan gysgod Foel Gilie. Gyda chymysgedd o ryfyg a dewrder mynnodd fod gennym ddigon o feirdd i fedru 'ffriwhîlo', chwedl yntau, yn gyffyrddus tan ddiwedd y ganrif. Tebyg iawn fod T. Llew Jones ymhlith y gynulleidfa.

Cynhaliwyd nifer o gynadleddau yn ymwneud â llyfrau Cymraeg yn y Cilgwyn ar ddechrau'r pumdegau gydag Alun Edwards wrth y llyw. Trefnai gystadlaethau ymysg yr aelodau er mwyn creu deunydd darllen ychwanegol. Storïau byrion i ddechrau, yna nofel gyflawn. T. Llew ddaeth i'r brig â'i nofel gyntaf, *Trysor Plasywernen*, a chyhoeddwyd hi gan Lyfrau'r Dryw yn 1958. Bu'n llwyddiant ysgubol a chadwodd ei lle ar restr llyfrau gosod y Cyd-bwyllgor Addysg am flynyddoedd.

Erbyn hyn yr oedd yn dechrau cael blas ar y gwaith a byddai ei nofelau newydd i blant yn ymddangos yn gyson. Yn 1960 cyhoeddwyd *Trysor y Môr-ladron*, yna cafwyd *Y Ffordd Beryglus* (1962), *Ymysg Lladron* (1965), *Dial o'r Diwedd* (1968) ac yn 1969 *Yr Ergyd Farwol* a *Corn, Pistol a Chwip*. Yn 1970 daeth *Y Corff ar y Traeth* a *Gormod o Raff* o'r wasg a rhyw flwyddyn yn ddiweddarach, cyhoeddwyd llyfr ffeithiol am longddrylliad y *Royal Charter* yn dwyn y teitl *Ofnadwy Nos*. Y syndod yw bod y gweithiau hyn i gyd wedi ymddangos pan oedd yn brifathro llawn amser ar ysgol Coed-y-bryn. Yn ei ddyddiaduron o'r cyfnod hwn mynega ei ddyhead i gael ei ryddhau o'i ddyletswyddau beunyddiol er mwyn canolbwyntio ar yr ysgrifennu. Yr oedd cynifer o syniadau yn troi yn ei feddwl, a chyn lleied o amser i'w rhoi ar waith.

Ond yr oedd gwaredigaeth gerllaw, ac unwaith eto yr oedd yn ddyledus i Alun R. Edwards. Yr oedd Llyfrgellydd Ceredigion yn ffigwr pwerus yng nghoridorau grym llywodraeth leol ac yn sicr, bu ganddo ran ym mhenderfyniad y Pwyllgor Addysg i ryddhau T. Llew o'i swydd am flwyddyn i'w alluogi i ysgrifennu rhagor o nofelau i blant. Aeth y flwyddyn yn ddwy, a chyda chymorth ariannol Cyngor y Celfyddydau aeth y ddwy yn bedair. Gwnaeth yn fawr o'r rhyddid a'i galluogai i ganolbwyntio ar yr ysgrifennu a bu'n gyfnod o weithgarwch rhyfeddol yn ei hanes. Mewn cyfnod o bedair blynedd cyhoeddwyd *Barti Ddu o Gasnewy' Bach, Cerddi Newydd i Blant, Un Noson Dywyll, Cri'r Dylluan, Cyfrinach y Lludw, Tân ar y Comin, Arswyd y Byd, Dirgelwch yr Ogof, Helicopter! Help! a storïau eraill* a *Pethe Plant*. Heb os talodd y buddsoddiad hwn ar ei ganfed a bu T. Llew yn hael ei glod i'r un a wnaeth yr holl beth yn bosib. Gellid dweud bod dylanwad Alun R. Edwards, Llyfrgellydd Ceredigion, yn ymestyn ymhell tu hwnt i ffiniau'r sir ac yn cwmpasu Cymru gyfan. Trwy ddygnwch a dyfalbarhad, llwyddodd i oresgyn anawsterau lu. Mynnai T. Llew mai gweledigaeth a brwdfrydedd Alun Edwards a daniodd gynifer o awduron i baratoi deunydd darllen ar gyfer plant Cymru gan sicrhau dyfodol y Gymraeg fel iaith fyw am genedlaethau i ddod.

T. Llew Jones, mewn enw, oedd ysgolfeistr swyddogol Coed-y-bryn yn ystod ei bedair blynedd sabothol, a phan ddaethant i ben penderfynodd ymddeol yn drigain oed a symud allan o Dŷ'r Ysgol gan ymgartrefu yn Nôl Nant ym mhentref Pontgarreg, lle roedd nifer o deulu'r Cilie yn byw. Yno, gallai barhau i ysgrifennu. Yr oedd, mewn cyfnod o chwarter canrif, wedi sefydlu ei hunan fel prif awdur llyfrau plant yn y Gymraeg ac fe'i hanrhydeddwyd gan Brifysgol Cymru â gradd MA fel cydnabyddiaeth o'i waith arloesol yn y maes hwn. Ymfalchïai yn yr anrhydedd a'i unig ofid oedd mai Tywysog Cymru, yn rhinwedd ei swydd fel Canghellor Prifysgol Cymru, a'i cyflwynodd iddo.

Anrhydedd arall a ddaeth i'w ran oedd ennill gwobr Tir na n-Og yn 1976 am *Tân ar y Comin*. Roedd hon yn wobr ar gyfer llyfr plant gorau'r flwyddyn a dyma'r tro cyntaf iddi gael ei chynnig. Yr oedd T. Llew mewn hwyliau da wrth deithio i lawr i Gaerdydd yng nghwmni ei gyhoeddwr, John Lewis o Wasg Gomer, i dderbyn yr anrhydedd mewn seremoni yn siop Oriel. Traddodwyd sylwadau'r panel beirniaid cyn galw ar yr enillydd i dderbyn siec o ddau gan punt ac yr oeddent yn annisgwyl o feirniadol ar gyfer achlysur o'r fath. Ym marn y panel, ni chafodd yr awdur gymaint o hwyl arni ag a gawsai ar lyfrau Twm Siôn Cati, a theimlent fod y diweddglo braidd yn wan. Cythruddwyd T. Llew ac ar ôl cyrraedd y llwyfan i dderbyn ei wobr manteisiodd ar y cyfle i hysbysu'r fintai barchus a oedd yn bresennol ei fod yn derbyn y wobr yr un mor anfoddog ag y'i rhoddwyd. Daeth yr un wobr, dan amgylchiadau hapusach, i'w ran yn 1990 am *Lleuad yn Olau* ac yn 1991 enillodd Dlws Mary Vaughan Jones am ei gyfraniad aruthrol i faes llyfrau plant.

Ef fyddai'r cyntaf i gydnabod ei fod yn hoff o gael ei ganmol a bod unrhyw feirniadaeth yn ei glwyfo. Byddai arno ofn adolygwyr, yn enwedig y rhai hynny a dynnai grib fân drwy ei waith er mwyn canfod anghysonderau yn y dafodiaith neu yn natblygiad y stori; droeon cafodd ei frifo hyd at ddagrau. Ond wedi iddo ddod ato'i hunan, mynnai mai'r plant oedd y beirniaid gorau a byddai'r galw cyson am argraffiadau newydd o'i gyfrolau yn brawf pendant o'i boblogrwydd ymhlith ei ddarllenwyr ifanc. Wedi'r cyfan, er gwaethaf rhai adolygiadau llym, gwerthwyd 4,300 copi o *Tân ar y Comin* yn y flwyddyn gyntaf; mae'n anodd dadlau yn erbyn ffigurau o'r fath. Yr oedd ganddo barch mawr at chwaeth lenyddol plant a theimlai'n gryf y dylent gael llais uniongyrchol ar banel dewis gwobr Tir na n-Og. Gwyddai mai darllen â'u calonnau a wnâi plant.

Un o broblemau mawr llenorion y cyfnod oedd dod o hyd i iaith a'u galluogai i gyfathrebu'n naturiol gyda'u darllenwyr. Soniodd Syr Ifor Williams yn narlith flynyddol y BBC yn 1960 am yr angen i greu iaith safonol i bontio'r bwlch a oedd wedi datblygu rhwng Cymraeg llafar a Chymraeg llenyddol. Crëwyd y model arbrofol cyntaf, *Cymraeg i Oedolion*, gan Gyfadran Addysg

Coleg Prifysgol Cymru, Aberystwyth, ac ym mhen y flwyddyn cyhoeddodd Adran Addysg Coleg y Brifysgol, Abertawe, lyfryn o'r enw *Cymraeg Byw*. Bu'r ffurf newydd o fendith i athrawon wrth iddynt gyflwyno Cymraeg fel ail iaith i ddysgwyr, ond yn raddol mabwysiadwyd y dull hwn o ddysgu yn nosbarthiadau Cymry iaith gyntaf hefyd. Ni allai T. Llew gytuno â hyn ar y pryd a thybiai mai cam gwag oedd gwthio'r ffurfiau newydd ar Gymry naturiol. O ganlyniad byddai ganddynt dri math o Gymraeg i'w meistroli, sef yr iaith lafar, yr iaith lenyddol a Chymraeg Byw.

Yr oedd yn gas ganddo'r term 'Cymraeg Byw' gan fod y teitl ei hunan yn awgrymu bod pob ffurf arall o'r iaith yn farw. Gwrthwynebodd y cynllun newydd yn ffyrnig a'i brotest huotlaf efallai oedd yr erthygl a ymddangosodd yn *Y Cymro*, 19 Hydref 1967. Cafodd gryn gefnogaeth cans nid oedd yr iaith-wneud hon, iaith yr 'ydi-dydis' fel y'i gelwid gan rai, at ddant pawb. Ofnai yn ei galon weld y Gymraeg gadarn y'i magwyd arni yn dirywio i fod yn iaith unffurf a di-liw.

Eto yr oedd arweinwyr byd addysg a sefydliadau cenedlaethol Cymru yn wresog eu croeso i Gymraeg Byw. Mabwysiadodd Urdd Gobaith Cymru'r model a byddai disgwyl i olygyddion eu cylchgronau fynd ati fel mater o bolisi i drosi pob stori a dderbyniwyd i'r iaith newydd. Y penderfyniad hwn, yn ôl T. Llew, oedd yn bennaf cyfrifol am y gostyngiad sylweddol yn nifer darllenwyr *Cymru'r Plant* yn y cyfnod hwn. Noda hefyd fel y bu i fwrdd golygyddol y Cyd-bwyllgor Addysg, ac yntau'n aelod ohono ar y pryd, benodi panel o arbenigwyr i droi pob llawysgrif yn Gymraeg Byw. Ymladdodd y penderfyniad yn ffyrnig, ond yn ofer. Yr oedd yn fater o egwyddor iddo ac ni fynnai gyfaddawdu â'r gorchymyn. Mynegodd hyn yn ddiflewyn-ar-dafod: 'Ni chaiff y panel hwn byth mo'r hawl i ddiwygio na doctora yr un o'm llyfrau i, ac felly mae'n debyg na chaf fi byth eto'r fraint o gyhoeddi stori na chyfrol o unrhyw fath o dan nawdd y Cyngor Llyfrau.'

Glynodd T. Llew at ei safiad, ond bu'r Cyngor yn ddigon doeth i blygu; ni allent fforddio colli ffigurau gwerthiant eu hawdur mwyaf poblogaidd. Er mwyn cael ei hariannu byddai'n rhaid i Wasg Gomer fynd drwy'r broses o anfon y llawysgrif i'r Cyngor Llyfrau i'w hasesu. Ar ôl i hynny ddigwydd anfonid copi o'r adroddiad i'r wasg ac i'r awdur. Byddai'r rhain yn ddieithriad yn awgrymu nifer fawr o newidiadau, ond greddf T. Llew fyddai gwrthod y mwyafrif llethol ohonynt gan holi ei hunan pwy oedd yr ymhonwyr dienw hyn a fynnai falu ei storïau a'i gystrawennau. Mynnai y byddent yn ysgrifennu eu hunain pe meddent ar unrhyw ddawn greadigol. Daliodd ei dir gan wrthod plygu i'r drefn.

Bu gwrthwynebiad T. Llew i Gymraeg Byw yn syndod i lawer cans yr un oedd eu nod hwythau ag yntau, sef dod o hyd i ddull syml a rhugl o ysgrifennu ar gyfer plant. Ond yr hyn a boenai'r awdur plant mwyaf toreithiog yn hanes y Gymraeg oedd y ffaith fod academyddion yn mynd ati i ddeddfu ar y mater gan orfodi'r newidiadau oddi uchod, a thrwy hynny ymyrryd â hawl yr awdur i amrywio'i arddull yn ôl y galw. Byddai'n drueni o'r mwyaf eu gwahardd rhag defnyddio rhai o gystrawennau cyfoethog yr iaith gynhenid. Teimlai mai yn araf bach yr oedd dwyn iaith lafar a iaith llyfr yn nes at ei gilydd, ac mai llenorion, yn hytrach na gramadegwyr, ddylai bontio'r agendor. A dyna pam, yn 2004, bron ddeugain mlynedd yn ddiweddarach, y cytunodd i Tudur Dylan Jones, golygydd y gyfrol *Trysorfa T. Llew Jones*, ddiweddaru ychydig ar yr orgraff wreiddiol. Mân newidiadau oeddent, megis troi 'meddent hwy' yn 'medden nhw', ac fe'u gwnaed gyda bendith awdur a sylweddolai fod iaith, fel popeth arall, yn newid o genhedlaeth i genhedlaeth.

Er bod blas y gorllewin ar Gymraeg llyfrau plant T. Llew, daeth o hyd i arddull a oedd yn dderbyniol a hollol ddealladwy dros Gymru gyfan. Yr oedd hefyd yn feistr ar ysgrifennu deialog lithrig a chredadwy. Dibynnai'n helaeth ar gyfoeth priod-ddulliau, cystrawennau a geirfa Dyfedeg glannau Teifi ac fe'i cyflwynodd fel trysor i blant Cymru. Gwyddai na ddylai hyn fod yn rhwystr gan iddo yntau, genhedlaeth ynghynt, ddarllen llyfrau Tegla Davies heb i arlliw gogleddol yr iaith amharu dim ar y blas. Ac roedd T. Llew yn ddiolchgar iawn i Tegla am gadw'i ddiddordeb mewn llyfrau Cymraeg yn fyw mewn cyfnod pryd y gallai fod wedi troi at lyfrau Saesneg.

Genhedlaeth yn ddiweddarach troes y darllenwr ifanc yn awdur ei hunan ac yn ysbrydoliaeth i'r to iau. Yn ôl tystiolaeth yr Athro Peredur Lynch, 'Ym mlynyddoedd cynnar y 1970au, nofelau antur T. Llew Jones a'm harweiniodd i, yn sicr ddigon, i fyd darllen llyfrau Cymraeg.'

Mae'n anodd i'r rhai sydd dros y trigain erbyn hyn ac a fagwyd ar gyfrolau arloeswyr cynharach fel E. Morgan Humphreys, John Ellis Williams a Meuryn werthfawrogi'n llwyr yr effaith a gafodd T. Llew Jones yn y maes hwn wrth iddo sefydlu ei hunan fel prif nofelydd plant Cymru. Ni chafodd plant y pedwardegau'r cyfle yn eu hieuenctid i hwylio moroedd y dychymyg yng nghwmni Barti Ddu a Harri Morgan.

Un arall a fu'n ddigon ffodus i brofi'r wefr o ddarganfod llyfrau T. Llew yn nyddiau bachgendod oedd y bardd Ceri Wyn Jones. Dyma'i dystiolaeth ef: 'A lle bu byd antur a byd cyffro dychymyg yn fyd uniaith Saesneg gynt, yn sydyn dechreuais chwarae a meddwl a dychmygu yn Gymraeg, gyda geiriau T. Llew'n sibrydion ar fy anadl, a'i gymeriadau'n bresenoldeb byw o'm cwmpas.'

Ar y llaw arall, er mai dod i'w adnabod drwy ei ddyletswyddau fel tad i dri o blant ac fel darlithydd i fyfyrwyr ifanc a wnaeth y nofelydd John Rowlands, sylweddolai nad oes ffin rhwng llenyddiaeth ar gyfer plant a llenyddiaeth ar gyfer oedolion: mae angen dawn i adrodd stori yn afaelgar.

Meddai T. Llew ar gyneddfau'r chwedleuwr, ar lafar ac ar bapur. Fel yr hen gyfarwyddiaid gynt roedd ei arddull yn llyfn a'r geiriau'n canu. Wele, fel enghraifft, baragraff cyntaf *Trysor Plasywernen*. Sylwodd Islwyn Ffowc Elis ar berffeithrwydd y darn hwn yn ei ysgrif ar T. Llew fel nofelydd yn y gyfrol deyrnged a olygwyd gan Gwynn ap Gwilym a Richard H. Lewis:

> Llithrodd y trên yn araf i lawr y rhiw tua gorsaf Cwrcoed. Prynhawn o hydref oedd hi ac yr oedd y coed a'r caeau oddeutu'r rheilffordd wedi bwrw ymaith eu gwyrdd ac wedi gwisgo'u brown a phorffor. Ar y trên, yn eistedd wrtho'i hunan, yr oedd bachgen tair ar ddeg oed. Edrychai allan drwy'r ffenestr a meddyliai am ei gartref a'i dad a'i fam ac am y cyfeillion a adawsai ar ôl. Meddyliai yn fwy na dim am y siarad a fu rhyngddo a'i dad cyn cychwyn ar ei daith.

Gwyddai T. Llew fod yn rhaid i'r nofelydd, fel y bardd a'r siaradwr cyhoeddus, ennill sylw ei gynulleidfa o'r cychwyn. Yr oedd geiriau agoriadol pob cyfrol, felly, yn hollbwysig. O sylwi ar y paragraff a ddyfynnwyd gwelir bod y frawddeg fer, uniongyrchol gyntaf yn lleoli'r digwyddiad yn ddi-lol. Yn yr ail frawddeg, sy'n hwy ac yn fwy blodeuog, mae'r artist yn rhoi tipyn o liw i'r darlun. Yna cawn dair brawddeg ffeithiol, fyrrach a phob un ohonynt yn ychwanegu rhyw ychydig at ein gwybodaeth ac, yn bwysicach fyth, at ein cywreinrwydd. Erbyn hyn mae'n rhaid inni ddarllen ymlaen ac mae'r pysgodyn yn y rhwyd.

Er bod yr arddull yn ymddangos yn rhwydd a diymdrech, rhaid cofio bod y gwir artist wastad yn cuddio'i grefft. Pwy a ŵyr pa sawl gwaith y lluniwyd y paragraff a ddyfynnwyd cyn i'r awdur fodloni ar y ffurf derfynol? Mae gan Vernon Jones linell wych yn ei gywydd coffa i T. Llew Jones, lle mae'n sôn amdano yn dychwelyd at yr un darn: 'Eilwaith i'w ailgyboli'. Yr oedd yn berffeithydd a bu'n rhaid iddo, i blesio'i safonau ei hunan, fynd ati i ailysgrifennu *Dirgelwch yr Ogof* o'r dechrau, er bod y wasg yn fwy na pharod i gyhoeddi'r gyfrol fel ag yr oedd.

Ar wahân i feddu dawn adrodd stori yr oedd yn rhaid i T. Llew gael stori dda i'w hadrodd. Gwyddai hefyd nad oedd storïau o'r fath byth yn dyddio. Byddai'n gweithio'n galed ar y plot a byddai rhediad y stori yn troi a throsi yn ei feddwl am fisoedd cyn ac yn ystod y broses o ysgrifennu. A chan fod nifer ohonynt wedi eu lleoli mewn oes a fu, roedd yn rhaid wrth gryn dipyn o ymchwil er mwyn cyfleu naws y cyfnod ac osgoi anghysonderau hanesyddol. Defnyddiodd nifer o hanesion o hen newyddiaduron a baledi'r cyfnod yn *Corn, Pistol a Chwip* ond ffrwyth dychymyg T. Llew yw'r cymeriadau. A byddai hyd yn oed ei lyfrau ffeithiol, megis *Ofnadwy Nos* am longddrylliad y *Royal Charter* yn darllen fel nofelau.

Er iddo ysgrifennu tair nofel am anturiaethau Twm Siôn Cati, nid y Thomas Jones (*c*.1530–1609) hanesyddol, yr Ynad Heddwch parchus a'r hynafiaethydd oedd ei arwr ef. Ni hoffai'r cymeriad hwnnw a phenderfynodd ei ail-greu a'i leoli ddwy ganrif yn ddiweddarach yn oes y porthmyn a'r lladron pen-ffordd. Yn ystod cyfnod y creu byddai T. Llew yn byw gyda'r cymeriadau a phan holai'r plant ef am eirwirder y stori gallai edrych i fyw eu llygaid ac ateb gyda chydwybod glir, 'Mae'n wir i fi'.

Yn hyn o beth mae'n werth craffu ar feirniadaeth T. Llew Jones ar y gystadleuaeth nofel i ieuenctid yn Eisteddfod Genedlaethol y Barri a'r Fro yn 1968. Yr oedd llawer i'w ganmol o ran arddull a chynllun yn nofel Guto'r Gader ond difethwyd y cyfan gan iddo fynnu cyflwyno digwyddiad neu ddau a oedd ymhell o fod yn gredadwy hyd yn oed i'r darllenwyr 'mwyaf anfeirniadol'. Â ymlaen i'w gynghori:

> Aed ati i ailwampio'r nofel hon, ac ar ôl ysgrifennu paragraff neu bennod darllened drwy'r gwaith yn greulon o feirniadol. Os oes yna rywbeth y mae ef yn methu â chredu ynddo, yna rhaid dyfeisio eto, ac ail-sgrifennu, oherwydd onid yw'r awdur yn gallu credu ei stori ei hun, siawns y bydd ei ddarllenwyr yn gwneud. O fynd ati'n onest ac yn ddyfeisgar, heb ofni'r gwaith annymunol o ail-sgrifennu, nes ei fodloni ei hun, rwy'n siŵr y gall yr awdur yma roi i ni nofelau a fydd yn dderbyniol iawn gan bawb.

Awgrymodd Islwyn Ffowc Elis yn gynnar iawn y gallai *Barti Ddu* wneud ffilm ardderchog. Ond ni lyncodd neb yr abwyd ar y pryd. Y gost o bosib, yn hytrach na phrinder dychymyg, oedd y bwgan pennaf gan y gallai cynhyrchu epig o'r fath fod ymhell tu hwnt i gyllidebau'r cwmnïau Cymreig. Bu'r diffyg diddordeb hwn yn siom fawr i T. Llew ac aeth pymtheg mlynedd a mwy heibio cyn i Carol Byrne Jones gysylltu ag ef ynglŷn â chreu ffilm yn seiliedig ar un o'r nofelau a throi breuddwyd yn ffaith.

Yr oedd hi ar y pryd ar staff HTV ac yn gweithio ar raglen bortread o T. Llew Jones, *Llwyfan i'r Llew*, i ddathlu ei ben-blwydd yn saith deg pump. Ar gyfer y rhaglen yr oedd hi wedi addasu detholiad o ddarnau byrion o chwech o'i nofelau i'w trafod gyda disgyblion Ysgol Dyffryn Teifi, Llandysul. Gwyddai fod yma ddeunydd heb ei ail ar gyfer y sgrin ac aeth ati i weithio ar *Tân ar y Comin* a *Dirgelwch yr Ogof*. Fel merch o Landyfrïog roedd y cefndir a'r dafodiaith yn gyfarwydd iddi, a'r cymeriadau yn rhan o'i magwraeth. Roedd y cynhyrchydd a'r awdur felly yn rhannu'r un weledigaeth ac yn parchu ei gilydd.

Y bwriad cyntaf oedd cynhyrchu drama gyfres, yn ôl patrwm *The Children's Classics* ar y teledu Prydeinig, ond ar ôl cryn dipyn o simsanu ar ran S4C penderfynwyd troi *Tân ar y Comin* yn ffilm awr a hanner o hyd. Wedi pum mlynedd o gydweithio hapus rhwng awdur a chynhyrchydd, a pheth cyfaddawdu ar y ddwy ochr, ymddangosodd *Tân ar y Comin* ar y teledu am y tro cyntaf. Sgriptiwyd y ffilm gan Angharad Jones ac fe'i cyfarwyddwyd gan Carol Byrne Jones, a oedd erbyn hyn yn gweithio'n llawrydd ac yn berchen ar ei chwmni cynhyrchu ei hunan, Gwennol Cyf. Ffilmiwyd y cyfan yn y gorllewin gan ychwanegu at hygrededd y stori. Dewiswyd y mannau hynny'n ofalus gan yr awdur a'r cynhyrchydd ar y cyd, gan fod y dirwedd ei hunan yn gymaint rhan o'r ddrama. Llwyddwyd i wrthsefyll pob ymdrech gan yr awdurdodau i symud yr holl weithgaredd tua'r dwyrain ac yn nes at Gaerdydd.

Bu'r ffilm yn llwyddiant ysgubol ac fe'i cyfieithwyd i nifer o ieithoedd. Fe'i gwerthwyd i gwmnïau eraill ac fe'i dangoswyd dros y byd. Denodd y cwmni'r actor byd-enwog Edward Woodward i chwarae rhan y sgweier er mwyn sicrhau llwyddiant masnachol y fenter; nid oedd y ffaith fod ei ffoneteg braidd yn anystwyth yn amharu dim ar apêl y ffilm y tu hwnt i Glawdd Offa. Yr oedd yn hanfodol, yn ôl yr asiantaeth ryngwladol a oedd yn rhan o'r ariannu, fod yna enw mawr ymhlith yr actorion. Nid oedd hyn yn plesio T. Llew ond gallai efallai gysuro'i hunan fod nifer o blant Cymraeg, megis Gweirydd ap Gwyndaf a Deiniol Rees, wedi cael cyfle i berfformio ar y sgrin ryngwladol yng nghysgod Edward Woodward.

Mae ffilm yn gyfrwng pwerus, pellgyrhaeddol a lledodd enw da T. Llew ar draws y byd wrth i'r gwaith gael ei ddangos o Wlad yr Iâ hyd at Chile ac Awstralia. O ganlyniad, gwerthwyd mwy a mwy o gopïau o'r gyfrol Gymraeg gan ychwanegu at boblogrwydd ei chreawdwr. Heb amheuaeth, chwyddodd y fenter hon goffrau'r 'awdur tlawd' yn sylweddol.

Ond yr oedd yna bris i'w dalu am y llwyddiant ariannol. Collodd yr awdur afael ar ei stori a'i gymeriadau wrth i ofynion stiwdio a chamera dra-arglwyddiaethu. Weithiau, prin y byddai'r awdur yn adnabod ei greadigaethau. Gwyddai'n iawn am gynneddf y plentyn i droi geiriau yn ddarluniau byw. Ni allai'r delweddau parod a dafluniwyd gan oedolion ar y sgrin ond llurgunio'r ddawn honno a difetha hud y darlun a welwyd gynt mor glir drwy lygad y dychymyg.

Addaswyd y nofel *Dirgelwch yr Ogof* hefyd ar gyfer y sgrin fach. Yr oedd Carol Byrne Jones eisoes wedi ysgrifennu addasiad teledu ohoni ac fe'i defnyddiwyd gan Gwmni'r Nant mewn ffilm a gynhyrchwyd gan Alun Ffred Jones gydag Endaf Emlyn yn cyfarwyddo. Er hynny, ni lwyddwyd i daro deuddeg, fel y gwnaed yn *Tân ar y Comin*. O bosib, crwydrwyd yn rhy bell o'r gwreiddiol, yn enwedig yn y diweddglo. Gallai T. Llew fod wedi eu rhybuddio na ddylid ymyrryd â stori dda.

Ym Mhedair Cainc y Mabinogi dywedir mai 'gorau cyfarwydd yn y byd' oedd Gwydion. Ys dywedodd Dic Jones, nid oedd T. Llew wedi ei eni'r adeg honno.

Penillion y plant

Mae amryw o arbenigwyr Seisnig wedi dadlau dros y blynyddoedd nad oes y fath beth â barddoniaeth i blant. Mynnant mai'r hyn a geir yw corff o gerddi a ddyfarnwyd gan oedolion fel rhai addas ar gyfer plant ac mai chwaeth bersonol golygyddion y detholion a baratoir ar gyfer ein hysgolion sy'n pennu natur y cerddi a ddewisir. Diau fod rhithyn o wirionedd yn eu dadleuon ond mae'n amlwg hefyd na ddaeth yr academyddion hynny ar draws cerddi T. Llew Jones.

Er troad y ganrif bu gan Gymru ei Bardd Plant swyddogol, a gwych o beth yw hynny. Noddir y swydd ar y cyd gan yr Academi, y Cyngor Llyfrau, Urdd Gobaith Cymru ac S4C, a dewisir bardd am gyfnod penodol i ymweld â'n hysgolion er mwyn hybu a thanio doniau creadigol y disgyblion. Ond, mewn gwirionedd, yr oedd gan Gymru ei Bardd Plant answyddogol flynyddoedd cyn i'r teitl gael ei gydnabod a'i ariannu. T. Llew Jones oedd y bardd hwnnw.

Gwelir ei enw am y tro cyntaf yn y cyswllt hwn yn y gyfrol *Cen Ceredigion* a gyhoeddwyd yn 1953 o dan olygyddiaeth dau o brifathrawon y sir, sef J. R. Evans, Llanilar, a J. D. Jones, Mydroilyn. Cyfrol o bytiau bychain i ddifyrru ac addysgu plant Ceredigion yw hi ac ymhlith y pytiau ceir cerdd, stori a chyfres o hwiangerddi gan T. Llew Jones.

Yn 1957 y cyhoeddwyd *Cerddi Gwlad ac Ysgol*. Ffrwyth cynadleddau'r Cilgwyn oedd y gyfrol ac fe'i hariannwyd gan

Bwyllgor Addysg Ceredigion. Cyfyngwyd y dewis i feirdd a chanddynt ryw gysylltiad â'r sir, a hynny o gyfnod Dafydd ap Gwilym hyd at 'feirdd ifainc' cyfoes fel Dafydd Henry Edwards, Ffair-rhos. Anelwyd y gyfrol at ysgolion cynradd ac uwchradd yn bennaf ond nodir yn rhagair T. Llew Jones y dylai apelio at bawb sy'n caru barddoniaeth gan nad dim ond darnau a ysgrifennwyd yn benodol ar gyfer plant sydd ynddi. Er bod panel golygyddol y Cyngor Llyfrau yn gefn iddo ac yn rhan o'r broses ymgynghori, T. Llew a gafodd y cyfrifoldeb o olygu, a'i enw ef yn unig sydd yn ymddangos ar yr wynebddalen. Ei ddewis ef yn y pen draw oedd y cerddi a gwyddai'r pryd hwnnw ei bod hi'n anodd neilltuo barddoniaeth i blant.

Enillodd y gyfrol ei phlwyf yn fuan yn yr ysgolion, gan ddisodli hen ffefrynnau fel *Beirdd ein Canrif*. Enillodd ei lle hefyd yng nghalonnau gwerin Ceredigion a thu hwnt. Ynddi ceir tri darn o waith y golygydd ei hunan sef 'Sŵn', 'Dawns y Dail' a 'Traeth y Pigyn', a datblygodd y tri ohonynt i fod yn ffefrynnau mawr gan adroddwyr ledled Cymru dros sawl cenhedlaeth. Cynhwysodd hefyd saith englyn unigol o'i eiddo. Yr oedd yn awyddus i blant ymgyfarwyddo â sŵn y gynghanedd a byddai rhai o athrawon goleuedig y cyfnod yn cyflwyno englyn newydd i'w disgyblion yn feunyddiol. Fel addysgwr, yr oedd o flaen ei amser a dyfeisiodd gêm gynganeddol yn 1958 ar ffurf posau. *Llyfr Siân a Iolo* oedd un o'r gwerslyfrau cyntaf a gyhoeddwyd ganddo o Wasg Christopher Davies, Llandybïe; fe'i golygwyd ar y cyd â Dilwen M. Evans. Yr oedd yn ymwybodol fod yna werth addysgol i'r gynghanedd. Gwyddai y gallai'r gynghanedd, fel gwyddbwyll, ymestyn plant a'u difyrru ar yr un pryd.

Erbyn 1960 yr oedd wedi ennill digon o hyder i olygu cyfrol addysgiadol ar ei liwt ei hunan a ffrwyth hynny oedd *Y Llyfr*

Difyr, sef casgliad o straeon, lluniau, darnau o farddoniaeth a phosau. Mae'r teitl, a'i bwyslais ar ddifyrru yn anad dim, yn nodweddiadol gyfrwys. Gwyddai fod yn rhaid siwgro'r bilsen a bod ennyn diddordeb a chwilfrydedd y plant yn hollbwysig yn y broses o'u haddysgu. Dyma enghraifft o'r awdur yn cyflwyno'r wyddor i'w ddisgyblion ar ffurf cerdd:

> A am Aderyn
> sy'n canu mor hardd,
> B am y Blodau
> sy'n tyfu'n yr ardd,
> C am y Ceirios,
> CH am y Chwyn,
> D am y Defaid
> ar lechwedd y bryn.

Casgliadau yn yr un traddodiad oedd y pedair cyfrol o'i eiddo yn y gyfres *Llyfrau Darllen Newydd* a gyhoeddwyd gan Gymdeithas Lyfrau Ceredigion rhwng 1965 ac 1968. Ei gamp fawr unwaith eto oedd addysgu plant heb iddynt sylweddoli hynny.

Yn y cyfnod hwn bu hefyd yn troi straeon a chwedlau yn ganeuon a baledi ar gais Lorraine Davies o'r BBC ar gyfer eu darlledu ar raglenni fel *Awr y Plant*. Yn ôl un o'i gyd-athrawon ni fyddai'n anfon y cerddi i Gaerdydd cyn eu hadrodd i blant y dosbarth. Byddai eu hymateb hwy yn hollbwysig a pharchai chwaeth lenyddol yn ogystal â gonestrwydd y plant. Pan fyddai'r derbyniad yn wresog gwyddai ei fod wedi taro deuddeg a'u bod yn barod i'w darlledu. Ar y llaw arall pan na fyddai cystal hwyl ar y gwrando byddai'n rhaid dychwelyd atynt i'w hailwampio. Perchid ei waith yn fawr gan y Gorfforaeth Ddarlledu a chafodd gynnig gwaith amser llawn ganddynt fel cynhyrchydd.

Ond er mor ddeniadol y swydd, fe'i gwrthododd gan na allai ddiwreiddio'i deulu bach o Gymreictod naturiol y gorllewin a'i symud i Gaerdydd.

Yn 1965 cyhoeddwyd *Penillion y Plant*, cyfrol o gerddi gwreiddiol o'i waith ar gyfer disgyblion ysgol. Ceid yma amrywiaeth gyfoethog o fesurau ar fydr ac odl ynghyd ag ystod eang o destunau i apelio at blant o bob oed. Byddai rhai, megis 'Y Llygoden Fach', 'Y Gwdi-hŵ' a 'Pwy sy'n hoffi'r glaw?' yn rhoi cyfle arbennig i'r rhai bach ddangos eu doniau ar lwyfannau'r eisteddfodau a chydiodd y grŵp pop Hogia'r Wyddfa yn un ohonynt ac o ganlyniad daeth 'Titw Tomos Las' yn rhan o'n hetifeddiaeth.

Fel I. D. Hooson o'i flaen mae llawer o'i gerddi'n ymwneud â byd natur. Cenir i adar megis y robin goch a jac-y-do ac i anifeiliaid fel gwiwer y gelli, llygoden yr eglwys a'r cadno coch. Ceir ganddo hefyd gwpled yr un i ddeuddeg mis y flwyddyn. Fel pob athro da yr oedd yn awyddus i gyflwyno'r plant i ryfeddodau'r byd o'u cwmpas. Enghraifft wych o hyn yw'r gân hyfryd 'Y Fedwen' lle'r ymdeimlir unwaith eto â threigl y tymhorau ac â breuder bywyd. Ysbrydolwyd hon yn ddiau gan y fedwen a welai'n feunyddiol wrth deithio drwy gwm Cerdin ar ei feic o Fwlch-y-groes i ysgol Tre-groes, ond gogoniant y gerdd yw ei bod yr un mor addas i bob bedwen arall, boed honno'n ddychmygol ai peidio:

> I lawr yng nghwm Cerdin
> Un bore braf, gwyn,
> A Mawrth yn troi'n Ebrill
> A'r ŵyn ar y bryn;

Ni welais un goeden (ni welaf, rwy'n siŵr)
Mor fyw ac mor effro,
Mor hardd yn blaguro,
Â'r fedwen fach honno yn ymyl y dŵr.

A'r haf yng nghwm Cerdin
Fel arfer ar dro,
A'r adar yn canu
A nythu'n y fro,
Ni welais un goeden (ni welaf, rwy'n siŵr)
Mor llawn o lawenydd,
A'i gwyrddail mor newydd,
Â'r fedwen aflonydd yn ymyl y dŵr.

A'r hydre'n aeddfedu
Yr eirin a'r cnau,
A'r nos yn barugo
A'r dydd yn byrhau,
Ni welais un goeden (ni welaf, rwy'n siŵr)
Mor dawel a lliwgar
A'i heurwisg mor llachar,
Â'r fedwen fach hawddgar yn ymyl y dŵr.

A'r gaea' 'mro Cerdin
A'r meysydd yn llwm,
A'r rhewynt yn rhuo
Drwy'r coed yn y cwm,
Ni welais un goeden (ni welaf, rwy'n siŵr)
Er chwilio drwy'r hollfyd, –
Mor noeth ac mor rhynllyd
Â'r fedwen ddifywyd yn ymyl y dŵr.

Fel ag y gwnaeth yn *Cerddi Gwlad ac Ysgol*, mentrodd wau'r gynghanedd i rai o'i gerddi plant a cheir cywydd 'Gwiwer y Gelli' ymysg y penillion. Mae'r cynganeddu'n sionc a'r gystrawen yn syml fel bod modd i'r plant ddilyn yr ystyr ac ymdeimlo â miwsig y geiriau. Mae angen pencerdd o fardd i gynganeddu'n syml, deimladwy. Gwnaeth Waldo hynny yn ei gywydd 'Byd yr Aderyn Bach'; gwnaeth T. Llew hynny hefyd wrth ganu am aeaf gwiwer y gelli:

> Heno mae'n Galan Ionawr
> A'r rhew llwyd yn cuddio'r llawr,
> Yr hen allt tan eira'n wyn,
> Noeth a moel heb ffrwyth melyn.
>
> Yn y rhew, ble mae'r wiwer?
> Y gwan bach! Mae'n cysgu'n bêr
> Er ys tro, heb feindio fawr
> Am ddinistr stormydd Ionawr.
>
> Huno wna ar waetha'r hin
> Arw ac oer a'r rhew gerwin,
> Nes daw'r haf i'r fforest hen
> Yn ôl ... â'i gân a'i heulwen.

Ni ellir ond rhyfeddu at ysgafnder cyffyrddiad brwsh yr artist. Mae'r gynghanedd yn atgyfnerthu'r ystyr yn hytrach na'i gymylu.

Dywed Cassie Davies yn ei rhagair i *Penillion y Plant*: 'Fe gewch flas ar bertrwydd syml y penillion hyn, ar eu hiwmor cynnil a'u hanwyldeb cynnes, ac ar ffordd gelfydd yr awdur o roi'r cyfan ar gân.'

Mewn un frawddeg cyffyrddodd yr addysgwraig o Geredigion â nifer o'r nodweddion pwysig a gyfrannodd at wneud T. Llew Jones yn brif fardd plant Cymru. I ddechrau pwysleisir y 'pertrwydd'. Mae ei benillion i blant, fel ag i oedolion, wastad yn canu ac yn swynol i'r glust. Gwyddai fod plant wrth eu bodd yn chwarae â sŵn geiriau a bod eu clustiau wedi eu tiwnio i fiwsig mydr ac odl. Ni fyddai fyth yn cyfansoddi cerdd i blant ar y mesur penrhydd fel y gwna'r beirdd plant cyfoes, megis Michael Rosen, yn yr iaith Saesneg. Mae odlau'n hwyl ac yn rhan o'r chwerthin o gyfnod Edward Lear hyd at Jacob Davies, Spike Milligan a Dewi Pws. Yr oeddent hefyd yn gymorth i ddysgu'r gerdd ar y cof mewn cyfnod pan gyfrifid hynny'n rhan allweddol o'u haddysg, a gall plant y genhedlaeth honno adrodd heddiw ddarnau helaeth o'r farddoniaeth a ddysgwyd ganddynt yn nyddiau ysgol. Ni ellir dadlau nad ydynt yn gyfoethocach o'r herwydd.

Gair pwysig arall yw 'symlrwydd'. Mae'r ystyr yn glir, y geiriau'n llifo'n rhwydd ac ni fyddent yn ddieithr i blant y cyfnod a fagwyd yn sŵn yr iaith. A phan deflid ambell air mwy anghyfarwydd na'i gilydd i mewn i'r gân gallai'r disgyblion ei anwesu ac ehangu eu geirfa. Nid yw symlrwydd, er hynny, yn gyfystyr â siarad i lawr â'r plant a'u trin yn nawddoglyd. Camgymeriad o'r mwyaf fyddai tybio mai tasg ffwrdd-â-hi yw creu cerddi i blant ac y gwnaiff unrhyw rwdlan y tro ond iddo odli. Mae cyneddfau'r plentyn yn ddigon effro i synhwyro, a gwrthod, ymarferion o'r fath. Gwyddai T. Llew hyn ac nid oedd yn syndod iddo mai dim ond dau ymgeisydd a ddenwyd i'r gystadleuaeth i lunio cyfrol o gerddi gwreiddiol ar gyfer plant 11–13 oed yn Eisteddfod Genedlaethol Dyffryn Lliw yn 1980. Pwysleisiodd yn ei feirniadaeth swyddogol: 'Nid ar chwarae bach y llunnir deunydd cyfrol gymeradwy o farddoniaeth ar gyfer plant.'

Cyfaddefodd yn breifat ar sawl achlysur na chafodd hi'n hawdd erioed ysgrifennu cerddi, yn enwedig cerddi i blant.

Elfen arall a nodwyd gan Cassie Davies oedd yr hiwmor. Gwyddai T. Llew mor bwysig oedd hi i gael plant i chwerthin yn yr ystafell ddosbarth. Mae ei gerddi yn gyforiog o gyffyrddiadau bach cynnil i ddifyrru'r disgyblion, megis pennill olaf 'Y Falwoden' lle mae hi ei hunan yn siarad:

> Un peth sy'n dda, os wyf fi'n slo –
> Rwy'n cario 'nghartref ar fy nghefn,
> A phan rwy'n llusgo ma's am dro,
> 'Does dim rhaid llusgo'n ôl drachefn.

Soniodd Cassie Davies hefyd am 'anwyldeb cynnes' y cerddi ac mae'n bosib mai'r nodwedd hon, yn fwy na dim, a roes ei statws aruchel i T. Llew Jones fel bardd plant. Ni allai'r grefft na'r hiwmor fod wedi llwyddo i'r fath raddau heb yr agosatrwydd hwn, ac mae'r anwyldeb hwnnw'n deillio o'r fagwraeth hapus a gafodd ar aelwydydd Bwlchmelyn a Iet Wen. Hiraeth am ddedwyddwch bore oes a ysgogodd ei awen.

Erbyn hyn yr ydym ym myd Waldo Williams, un o'i arwyr mwyaf. Fel athro yr oedd Waldo yn unigryw. Pan gyrhaeddai'r ysgol yn y bore byddai'r plant yn ei ddilyn, fel pe bai'n Bibydd Brith, gan lusgo wrth ei got a'i lewys. Yr oedd rhyw garisma rhyfedd o'i amgylch a byddai'r plant yn ei addoli. Mae gan T. Llew erthygl am Waldo fel bardd plant yn y gyfrol deyrnged a olygwyd gan Jâms Nicholas. Meddai:

> Gweld drwy lygaid plentyn y mae yn y cerddi i gyd, fel pe bai'r bardd – ar ôl tyfu i oedran gŵr – wedi llwyddo'n wyrthiol i gamu'n ôl i fyd meddwl a dychymyg plentyn.

Nid yw hyn yn rhyfeddol gan fod Waldo'n deall plant ac yn eu caru'n fawr iawn. Hefyd, fe ddywedwn i, o'i nabod yn dda, fod rhyw ddarn o'i gyfansoddiad nad oedd erioed wedi gorffen bod yn blentyn.

Felly hefyd T. Llew yntau.

Perthynai i T. Llew, fel ag i Waldo, y ddawn o weld y byd trwy lygaid plentyn. Canu fel un ohonynt a wnâi. Holai eu cwestiynau hwy a rhoddai lais i'w gweledigaeth. Yn y gerdd 'Sŵn' mae ef ei hunan eto'n blentyn yn Iet Wen yn gwrando'r nos yn ddiogel o dan garthen plentyndod:

> Liw nos ni chlywir, medden nhw,
> Ond hwtian oer y gwdi-hŵ:
> Mae pawb a phopeth yn y cwm
> Yn ddistaw bach, yn cysgu'n drwm.
>
> Ond celwydd noeth yw hynny i gyd,
> Mae'r nos yn llawn o sŵn o hyd;
> Mi glywais i, un noson oer,
> Sŵn cŵn yn udo ar y lloer.
>
> Mi glywais wedyn, ar fy ngair,
> Sŵn llygod bach yn llofft y gwair –
> Rhyw sŵn fel sŵn y gwynt trwy'r dail,
> Rhyw gyffro bach a sibrwd bob yn ail.
>
> A chlywais wedyn, ar ôl hyn,
> Grawcian brogaod yn y llyn;
> A chlywais unwaith, ar fy ngwir,
> Gyfarth y llwynog o'r Graig Hir.

Pan ddring y lloer a'r sêr i'r nen,
A gwaith y dydd i gyd ar ben,
Pan gilia pawb i'r tŷ o'r clos,
Cawn gyfle i wrando ar leisiau'r nos.

Mae'n dihuno'r synhwyrau ifanc ac yn agor drws dychymyg i fyd o ryfeddodau. Ac ar ryw ystyr gellir dadlau bod y cerddi hyn yn ymgais i ddeall ac i ddifyrru'r plentyn a lecha yn isymwybod pawb.

Mae Cassie Davies yn rhoi siars ar ddiwedd ei rhagair: 'Ewch ati felly i wneud y darnau yn rhan o'ch profiad mewn ysgol a chartre ac i'w troi wedyn yn ddiddanwch i lu o bobl mewn cyngerdd ac eisteddfod ar hyd a lled Cymru.'

Dyna'n union a wnaed. Erbyn hyn yr oedd T. Llew yn prysur wneud ei farc fel ein prif fardd plant ar gyfer cystadlaethau adrodd mewn eisteddfodau mawr a mân dros Gymru gyfan, ac eithriadau yw'r blynyddoedd o 1963 ymlaen hyd heddiw lle nad oes o leiaf un o weithiau T. Llew Jones ymhlith darnau gosod Eisteddfod yr Urdd neu'r Ŵyl Gerdd Dant. Ni fu erioed fardd mwy poblogaidd gan adroddwyr adran y plant.

Heb amheuaeth, erys *Penillion y Plant* yn garreg filltir o bwys yn hanes barddoniaeth i blant yn y Gymraeg a chafodd groeso cynnes gan yr holl adolygwyr; ni welodd yr un ohonynt unrhyw achos i bigo na thynnu'n groes. Meddai W. R. Nicholas yn *Y Genhinen*: 'Bydd athrawon a phawb sy'n dysgu plant yn falch o gael adroddiadau T. Llew Jones mewn un gyfrol. Ceir yma gasgliad campus ohonynt ac y mae'n siŵr y bydd pwyllgorau eisteddfodau yn cadw'r llyfryn hwn wrth eu penelin am gryn amser. Maent i gyd yn gerddi crefftus a chwaethus a bydd hwyl ar eu hadrodd.'

Ac yn *Y Dysgedydd* dywed y sawl sy'n dwyn yr enw DEW: 'Y mae awdur y llyfryn hwn yn gymwynaswr mawr i blant Cymru, gan amled ei gynnyrch iddynt o amrywiol fathau ... Dyma gasgliad swynol odiaeth o ddarnau gwir ddefnyddiol.'

Yna, yn 1973, cyhoeddwyd *Cerddi Newydd i Blant* ac fe ychwanegwyd nodyn mewn cromfachau o dan y teitl ar yr wynebddalen fod y cerddi yn addas 'i blant o bob oed'. Ceir yma eto'r un grefft, yr un hiwmor a'r un anwyldeb ag a gafwyd yn *Penillion y Plant*. Gall y rhai bychain uniaethu'n syth â'r hyn a ddigwyddodd yn 'Bwyta Gormod'. Wedi i'r fam geryddu Guto am ei drachwant mae hwnnw yn ei hateb yn y pennill olaf:

'Na, Mami,' llefodd Guto,
'Chi sydd ar fai, nid fi;
Chwi *wnaeth* y deisen, cofiwch,
Ei *bwyta* hi wnes i!'

Bu cenedlaethau o adroddwyr bychain yn ail-fyw'r stori hon ac anturiaethau cyffelyb ar lwyfannau Cymru byth oddi ar hynny. Ac fel beirniad, a llwyfannwr greddfol yn ogystal, gwyddai T. Llew yn well na neb am gynhwysion darn adrodd da.

Ond ar adegau daw ambell noson unig yn ôl i boeni'r bachgen ifanc o Bentre-cwrt a deil ysbrydion y gwyll i godi arswyd arno:

Sŵn traed yn dringo'r grisiau,
Sŵn drysau'r llofft yn cau,
Ac ar y ffordd tu allan,
Sŵn car yn ymbellhau.

Yna dim sŵn o gwbl
Ond sŵn rhyw gyfarth gwan
Fan draw wrth odre'r mynydd
Yn awr ac yn y man.

Wedyn distawrwydd llethol,
Heb eco pell y cŵn,
Minnau'n fy ngwely'n ofni –
Yn ofni'r nos ddi-sŵn.

Er bod naws dangnefeddus i'r gyfrol ar un olwg, heb fawr ddim i darfu ar ddedwyddyd y plentyn, mae iddi hefyd ei llecynnau tywyllach, yr hyn a ddisgrifiwyd fel 'the shadow round the corner' gan Roger McGough. Gall yr oedolyn synhwyro islais o dristwch yn llechu tu ôl i'r geiriau gan fod ofn y bardd o'r distawrwydd mawr terfynol yn brigo i'r wyneb o dro i dro fel yn y gerdd ganlynol. Fe'i dyfynnir eto yn ei chyflawnder gan fod ei gwead mor dynn:

I Hamelin erstalwm,
Os yw'r hen stori'n ffaith,
Fe ddaeth rhyw bibydd rhyfedd
Yn gwisgo mantell fraith.

A'r pibydd creulon hwnnw
A aeth â'r plant i gyd
A'u cloi, yn ôl yr hanes,
O fewn y mynydd mud.

A Hamelin oedd ddistaw
A'r holl gartrefi'n brudd,
A mawr fu'r galar yno
Tros lawer nos a dydd.

Distawodd chwerthin llawen
Y plant wrth chwarae 'nghyd,
Pob tegan bach yn segur,
A sŵn pob troed yn fud.

Trist iawn fu hanes colli
Y plant diniwed, gwan, –
Yn Hamelin erstalwm,
Heddiw yn Aber-fan.

Cerdd am drychineb Aber-fan yw hi, lle collwyd cant a deugain a phedwar o fywydau, a chant ac un ar bymtheg ohonynt yn blant, pan lithrodd y tip glo i lawr y llethr gan chwalu ysgol y pentref. Eto mae'n ymddangos mai cerdd am y Pibydd Brith yw hi tan y llinell olaf un. Oherwydd hynny mae'r ysgytwad a geir yn y diweddglo yn fwy effeithiol a rhoddwyd perthnasedd cyfoes ac arswydus i hen chwedl Hamelin. Yr oedd ei alwedigaeth fel athro ysgol yn dwysáu'r drasiedi iddo. Ond er bod ei galon yn gwaedu dros y plant a'u teuluoedd a thros yr athrawon, mae'n ymatal rhag pregethu na sentimentaleiddio'r teimlad ac o'r holl gerddi a ysgrifennwyd gan ein beirdd i drychineb Aber-fan mae'n anodd meddwl am un a gafodd fwy o effaith ar y genedl yn ei hiraeth syfrdan. Unwaith eto, mae'n gerdd i blant ac i oedolion a hon, yn arwyddocaol, sy'n cloi'r gyfrol. Mae'n werth nodi hefyd fod y gân gynnil hon yn gyfoethog ei chyfeiriadaeth lenyddol o gofio bod baled Robert Browning o'r bedwaredd ganrif ar bymtheg, 'The Pied Piper of Hamelin', ymysg yr enwocaf o gerddi plant. Chwedl oedd sail honno; roedd trychineb Aber-fan, ysywaeth, yn ffaith.

Yma hefyd y gwelir 'Cwm Alltcafan' o fewn cloriau llyfr am y tro cyntaf. Mae hon eto'n gweithio ar fwy nag un lefel ac yn apelio at bob oedran; nid oes modd ei chategoreiddio. Mae'n amlhaenog ei hystyron. Cofiaf am gyfaill o'r ardal yn sôn wrthyf am ei ŵyr bach a oedd wedi dotio at lyfrau T. Llew Jones. Yr oedd rhieni'r bachgen wedi symud i ffwrdd ond deuai'r ŵyr yn ôl at ei dad-cu a'i fam-gu o dro i dro am wyliau yn y wlad. Pan ddeallodd yr un bach fod T. Llew Jones yn byw yn y pentref nesaf a bod ei dad-cu yn ei adnabod, nid oedd taw arno. Yr oedd am gael mynd i weld ei arwr. Ond gan fod ei dad-cu braidd yn hwyrfrydig i darfu ar hynafgwr deg a phedwar ugain oed, chwiliai am esgusodion bob tro gydag addewid yr aent i lawr i Ddôl Nant yn ystod y gwyliau dilynol. Ond erbyn y tro nesaf yr oedd yn rhy hwyr a gwireddwyd y llinell olaf, 'Peidiwch oedi'n hwy ... rhag ofn!', yn eironig o greulon i'r taid a'r ŵyr fel ei gilydd.

Datblygodd 'Cwm Alltcafan' yn un o'i ddarnau mwyaf poblogaidd ac yr oedd yr awdur yn hoff o adrodd y stori am yr adeg y gofynnwyd iddo ddarllen y gân ar y bont dros afon Teifi i lond bws o bobl a arweiniai ar daith lenyddol drwy'r fro. Ac fe'i hadroddodd gyda'r fath angerdd nes peri i un o'r gwrandawyr gyfaddef yn uchel na allai'r bardd ei hunan, yn ei farn ef, fod wedi rhagori ar y dehongliad a gafwyd y prynhawn hwnnw gan T. Llew.

Yr oedd erbyn hyn wedi hen ennill ei blwyf, hyd yn oed ymhlith yr adolygwyr. Fel yr awgryma Elis Aethwy yn *Y Faner*, yr oedd enw'r bardd yn ddigon i warantu safon aruchel y cerddi a disgrifiwyd y gyfrol gan Nesta Wyn Jones yn *Barn* fel 'cyfraniad o bwys unwaith eto gan yr awdur dawnus, a llyfryn a ddylai fod ar silff lyfrau rhieni ac athrawon ledled Cymru'.

Bu gwerthiant rhyfeddol ar ei ddwy gyfrol o gerddi i blant a bu'n rhaid eu hailargraffu droeon. Gan gymaint y galw, penderfynodd Gwasg Gomer gyfuno'r ddwy ac yn 1990 ymddangosodd y fersiwn cyfun yn dwyn teitl gwreiddiol y gyntaf o'r cyfrolau, sef *Penillion y Plant* ac fe'i cyflwynwyd i'r wyrion: Guto, Nia ac Owen. Newidiwyd ychydig bach ar drefn y cerddi er mwyn hwyluso'r tudalennu a chloir y gyfrol yn addas iawn â'r gân hyfryd 'Nos Da'. Cyfoethogwyd y gyfrol hardd hon gan luniau du a gwyn a lluniau lliw a ddyluniwyd gan yr artist Jac Jones.

Gwnaeth Gwasg Gomer gymwynas fawr â'i darllenwyr drwy gynnull ei farddoniaeth i blant o fewn cloriau caled un gyfrol. Llyfrynnau clawr meddal, rhyw bedair modfedd wrth chwech, hwylus i'w cario mewn poced o eisteddfod i eisteddfod, yw'r ddwy gyfrol wreiddiol, tra bo'r *Penillion y Plant* newydd, a'i diwyg ysblennydd a'i chasgliad o ddeg a thrigain o gerddi i blant, yn gyfrol i'w thrysori. Fel yr hawliodd T. Llew wrth lansio un o gyfrolau Dic Jones yn y blynyddoedd diweddar, 'Pwy roi bardd mewn *paper-back*?'

Mae rhywbeth yn eironig mewn trin anfarwoldeb yng nghyd-destun gŵr a oedd drwy'i oes mor ymwybodol o'r farwolaeth anorfod sy'n ein hwynebu ni oll. Ond eto yr oedd ei fywyd yn llawn paradocsau. Gwyddai fod amser yn erydu enwau a oedd yn fawr yn eu dydd ac nad oedd hirhoedledd tragwyddol i bencampwyr unrhyw gelfyddyd. Fel y dywedodd yn ei soned 'Yr Hen a Wyr':

> Ni phery bri y dewr na'r cryf na'r chwim
> Ac eilun mwya'r dorf yn angof â;
> Sêl pob gwrthryfel chwerw nid erys ddim, –Daw
> barrug hydre i bylu gwres yr ha.

Ond nid oes amheuaeth na wnaeth T. Llew ei farc mewn amryw feysydd a bydd y cof amdano ym myd gwyddbwyll a llên gwerin yn aros yn hir. Bydd ei ddisgyblion yn Nhre-groes a Choed-y-bryn yn cofio tra bônt am athro arbennig iawn a'u rhoes ar ben ffordd, a bydd ei gyfeillion yn gweld eisiau ei gwmnïaeth ddifyr a'i ddawn fel cyfarwydd. Ar ben hynny bydd rhai o'r cerddi i oedolion yn rhan o'n gwaddol llenyddol, ond mae'n debyg mai fel awdur llyfrau plant y cofir amdano yn bennaf, ac yn enwedig felly am y cerddi. Fel bardd plant mae iddo le ymhlith y mawrion oesol yng nghwmni Robert Louis Stevenson, Roald Dahl a Waldo.

Y ceiliog mwyalch

Prif uchelgais pob englynwr yw ennill yn yr Eisteddfod Genedlaethol. Daeth Alun Cilie i'r brig yn 1949, gyda chlod mawr, ac fel petai i brofi ei fod yntau hefyd yn ei medru hi, cyflawnodd T. Llew yr un gamp flwyddyn yn ddiweddarach yng Nghaerffili. Yr oedd trechu eich ffrindiau yn rhan bwysig o'r hwyl yng ngodre Ceredigion. Erbyn hyn yr oedd T. Llew wedi gweithio ei ffordd i fyny drwy'r cyfarfodydd cystadleuol, yr eisteddfodau lleol a thaleithiol i gyrraedd y llwyfan mawr. 'Ceiliog y Gwynt' oedd testun y flwyddyn honno a dyma'r englyn yn ei ffurf gywir:

> Hen wyliwr fry mewn helynt – yn tin-droi
>   Tan drawiad y corwynt;
>   Ar heol fawr y trowynt
>   Wele sgwâr polîs y gwynt.

Yn anffodus fe'i hargraffwyd yn anghywir ddwywaith yn y *Cyfansoddiadau* – yng nghorff y feirniadaeth ac ar y dudalen lle cyhoeddid y cyfansoddiad buddugol. Diolch i ddiawl y wasg aeth 'trowynt' yn y drydedd linell yn 'torwynt' gan ddifetha'r ystyr a'r gynghanedd. Ychwanegodd hyn at y dryswch a bu llythyru maith yn y wasg Gymraeg ynglŷn â'r englyn buddugol, gohebiaeth a barhaodd tan ganol Tachwedd yn *Y Cymro*. Yn y cyfnod hwnnw yr oedd yna draddodiad o fynd ati'n flynyddol i dorri'r englyn buddugol yn ddarnau mân, ac mae'n dda gen i ddweud fod yr arfer hwn yn dal yn fyw ac yn iach yng nghyffiniau Gwesty'r Emlyn, Tan-y-groes, hyd heddiw. Cystadleuwyr aflwyddiannus oedd llawer o'r llythyrwyr, ond eto mae'n arwydd clir o bwysigrwydd a statws y gystadleuaeth hon yn y calendr llenyddol.

Rhoddwyd rhwydd hynt i'r beirniaid answyddogol i falu gan i'r beirniad swyddogol, Gwenallt, fod braidd yn grintachlyd ei ganmoliaeth. Felly, ar ôl i'r helgwn gywiro'r gwall cysodi, aethant ati i ymosod ar yr englyn ei hunan, a hynny'n ffyrnicach nag arfer; yr oedd Alun Cilie, flwyddyn ynghynt, wedi dianc yn gymharol ddianaf o'r ornest.

Teimlai P. W. Richards fod delwedd y llinell glo yn anghyson. Rheoli'r drafnidiaeth a wna'r polîs go iawn; eto, cael ei reoli gan y gwynt yw rhan y ceiliog hwn. Mynnodd llythyrwr arall, gan fod y gair 'gwynt' yn elfen mor amlwg mewn tair o'r pedair odl, fod y bardd yn dioddef o'r aflwydd hwnnw. Bu manylu, ond bu hwyl a thynnu coes hefyd, yn enwedig gan gyfrannwr o South Croydon a alwai ei hunan yn Thomas Bartley, tw bi shiwar.

Dyma'r pris y bu'n rhaid iddo'i dalu am ennill a byddai T. Llew wrth ei fodd yn difyrru cynulleidfaoedd gyda'r storïau am yr holl gythrwfl a ddilynodd ei fuddugoliaeth. Ychwanegai, gyda'i dafod yn ei foch, ei fod erbyn hynny wedi difaru cystadlu o gwbl. Ac er iddo gymryd yr holl fygytian yn yr ysbryd gorau, mae'n ddiddorol sylwi na ddewisodd gynnwys ei englyn arobryn yn ei gyfrolau barddoniaeth.

Hoffai adrodd y stori am yr alwad ffôn a dderbyniodd oddi wrth Nan Davies o'r BBC yn dilyn y fuddugoliaeth. Yr oedd hi'n awyddus i wybod a oedd ganddo unrhyw geiliog y gwynt penodol dan sylw pan weithiodd yr englyn. O glywed y cwestiwn, gwyddai T. Llew'n reddfol, pe byddai'n ateb yn gadarnhaol, y byddai siec oddi wrth y cyfryngau yn siŵr o ddilyn yng nghyflawnder yr amser. Felly hysbysodd y cynhyrchydd teledu mai'r ceiliog y gwynt ar dŵr eglwys Llangynllo ar bwys ei gartref oedd yr ysbrydoliaeth wreiddiol. O ganlyniad anfonwyd criw ffilmio i Goed-y-bryn i baratoi eitem ar y bardd a'r englyn ar gyfer y rhaglen nosweithiol *Heddiw*. Yr oedd y gŵr camera yn ddi-Gymraeg ac yn ystod y prynhawn bu T. Llew yn sôn wrtho am lygad y dychymyg a droes yr hen geiliog yn blismon traffig ar sgwâr y gwynt. Mae'n rhaid bod y gŵr camera hefyd yn fardd gan iddo ymateb gyda'r sylw, 'What wonderful imagery'. A dyna, yn ôl T. Llew, oedd yr unig air o glod a gafodd am ei gamp. Mae hyn yn drueni gan fod yr englyn yn torri tir newydd. Ynddo mae'r bardd yn ymwrthod â'r arddull ddiffiniadol a nodweddai englynion y cyfnod gan roi inni ragflas o'r delweddu cyffrous a flodeuodd i'w lawn dwf yn englynion T. Arfon Williams rai blynyddoedd yn ddiweddarach.

 Cyn gadael Caerffili mae'n werth nodi bod 347 o englynion i mewn y flwyddyn honno, y nifer fwyaf erioed. Erbyn hyn mae'r nifer wedi disgyn i ffigwr o dan hanner cant fel arfer ac wrth drafod cystadleuaeth yr englyn yn y cyfarfod blynyddol a elwir gan Gymdeithas Ceredigion i gloriannu llên y brifwyl, byddai T. Llew bob amser yn cymryd mantais o'r cyfle i atgoffa ffyddloniaid Gwesty'r Emlyn o niferoedd 1950. Yr oedd yn rhan o'r hwyl a byddai'r 347 swyddogol yn aml wedi codi o dro i dro i fod yn rhywbeth dros bum cant. Ond dyna fe, bu ymestyn yn rhan o grefft y cyfarwydd ers cyn cof. Byddai'n ymatal er hynny rhag dweud ei fod yn ail iddo'i hunan yn y gystadleuaeth honno yng Nghaerffili.

Yr oedd yn dechrau cael blas ar gystadlu ac yr oedd ei enw unwaith eto ar restr buddugwyr y flwyddyn ganlynol – y tro hwn am gasgliad o ugain o benillion gwreiddiol yn null yr Hen Benillion. Dyfarnwyd ef yn fuddugol allan o bump ar hugain gan Geraint Bowen. Fel y disgwylid, lleddf yw'r nodyn; penillion graenus, swynol am dorri calon ac agor bedd ydynt:

> Fe'th ddwg llong ymhell ar fordaith,
> Fe'th ddwg march ar siwrne hirfaith;
> Ond o bob rhyw daith ar ddaear,
> Pellaf taith ar ysgwydd pedwar.

Mae'n amlwg fod y syniad o farwolaeth yn ei boeni mor gynnar â hyn. Apeliai canu syml, teimladwy fel hyn at gynulleidfa eang ac mae'n debyg i neb llai na T. H. Parry-Williams gael ei swyno gan y casgliad. Gorfoleddai golygydd cyfrol yr *Hen Benillion* fod tinc y pennill telyn wedi goroesi dau Ryfel Byd, a bu'n hael ei ganmoliaeth i'r 'bardd ifanc o Geredigion a'u canodd'. Yr oedd T. Llew yn dod o hyd i'w briod lais fel bardd.

Yn Ystradgynlais yn 1954 daeth yn gydradd ag Alun Cilie am chwe englyn beddargraff i chwe chrefftwr. Dyfarnodd y beirniad, D. J. Davies, Llanelli, ddwy bunt yr un iddynt a phunt i Tommy Evans, Llanfyrnach, ac Alwyn Griffiths, Caerdydd. Ond er i'r gwobrau gael eu rhannu'n fân, ni chafodd Isfoel geiniog druan, er mai ei englyn ef i'r amaethwr sydd wedi aros ar gof gwerin gwlad:

> 'Rhen gaffer yn ei goffin, – ni all fynd
>   Â llo i fart Caerfyrddin;
> Dim i show i weld mashîn,
> Distaw ydyw ei Austin.

Yn 1955 yr oedd T. Llew yn gydfuddugol eto, y tro hwn gyda Jâms Nicholas, Tyddewi, am gadwyn o englynion i Ffordd y Pererinion a Threfin yn feirniad. Yn 1956 yr oedd yn gydfuddugol â'r Parchedig Stafford Thomas o Benmaen-mawr ar gystadleuaeth y cywydd. Morgannwg oedd y testun, a'r tro hwn Euros Bowen oedd y beirniad. Yn yr un flwyddyn enillodd gadair Eisteddfod Meirion am awdl ar y testun 'Cefn Gwlad' a daeth i blith y goreuon yng nghystadleuaeth y gadair yn Eisteddfod Genedlaethol Môn yn 1957 ar y testun 'Storm'. Canodd i'r hen fynach a fynnodd, er gwaethaf popeth, ddychwelyd i Ystrad-fflur a'r fynachlog a anrheithiwyd gan Harri VIII. Canmolwyd yr awdl gan Euros Bowen: 'Dyma adrodd stori ar fesurau Cerdd Dafod yn gampus: ac nid storïwr yn unig sydd yma, ond bardd a'i ddychymyg ar waith.'

Ond mae yma feirniadaeth hefyd: 'Ar waethaf rhagoriaethau'r gerdd, mae rhywbeth hen-ffasiwn yn ei chylch, a hen, hen ac adfeiliedig yw'r sôn sydd ynddi yma a thraw am y storm yn rhuo, am ryferthwy'r gwynt, am ymson y gwynt ac am y gwynt yn wylo.'

Mae'n amlwg fod y gwynt a droesai'r ceiliog yn dal i chwythu.

Caerllion-ar-Wysg oedd testun yr awdl yn Eisteddfod Genedlaethol Glynebwy yn 1958. Hon oedd y gaer a godwyd yn y ganrif gyntaf gan y Rhufeiniaid ar ôl y brwydro ffyrnig yn erbyn y Silwriaid a breswyliai yn y parthau hynny ar y pryd. O'r gaer fawr byddai modd gwarchod y caerau llai a sefydlwyd yn y tir gwyllt nas concrwyd yn llwyr tua'r gorllewin. Yr oedd yn destun cyfoethog ei bosibiliadau. Fel y nododd Thomas Parry yn ei feirniadaeth:

Peth arall a anghofiwyd gan rai o'r beirdd hyn oedd y buasent wedi cyfoethogi eu cerdd yn anfesurol petaent wedi sylweddoli mai rhan o basiant balch hanes dyn yn yr ynysoedd hyn yw Caerllion a phopeth a berthyn iddi, ac mai nid tablo llonydd yw'r pasiant hwnnw, ond gorymdaith sy'n dal i gerdded hyd heddiw.

Sylweddolodd T. Llew fod i'r testun hanesyddol arwyddocâd cyfoes ac mae ei awdl yr un mor berthnasol i'r Gymru fodern ag ydyw i gyfnod y Brythoniaid. Ceir yma stori oesol tad a mab, yr henwr yn glynu at draddodiadau'r llwyth a'r llanc yn cael ei ddenu at fywyd newydd y drefedigaeth o fasnachwyr a chrefftwyr a ymgasglodd y tu allan i furiau'r gaer yng Nghaerllion. Mae'n ddadl a ailadroddwyd yn gyson dros y blynyddoedd yng Nghymru ac ym mhob rhan arall o'r byd lle mae hen ffordd o fyw yn cael ei bygwth gan ddiwylliant estron, pwerus.

Unwaith eto cymerodd T. Llew fantais o'r cyfle i leisio'i ofid am ddyfodol yr iaith wrth i'r ffin ieithyddol gael ei gwthio ymhellach tua'r gorllewin. Fel yr henwr teimlodd fod yn rhaid inni bellach atgyfnerthu gan sefydlu ein hunain yn y broydd Cymraeg a'u troi yn gadarnleoedd. Mynegwyd yr athroniaeth hon yn groyw yn yr hir-a-thoddaid enwog:

> Tua'r gorllewin mae bro eithinog
> A mawnog lwyd nas myn y goludog;
> Yno mae rhyddid trumau mawreddog
> A daear a heria frad yr oriog.
> Tlawd yw hi, ond hil daeog – ni weli
> Yn ei thir hi, na gwenieithwyr euog.

Mabwysiadwyd yr athrawiaeth hon dair blynedd ar ddeg yn ddiweddarach yn 1971 gan ei fab, Emyr Llywelyn, wrth iddo sefydlu mudiad cenedlaethol newydd o'r enw Adfer. Emyr, gyda llaw, oedd ffugenw T. Llew yng Nglynebwy.

Cyn ymadael â'r awdl, carwn nodi mor nodweddiadol ydyw o arddull felys T. Llew. Mae'n swynol, yn delynegol ac yn hollol ddarllenadwy. Sylwer ar rwyddineb yr ymadroddi yn y cywydd agoriadol. Daw dyffryn Wysg yn fyw o flaen ein llygaid:

> Syllai gŵr, henwr unig
> Draw a gweld wrth odre gwig
> Ddaear ir y wedd a'r og,
> Braf ei llun, bro feillionog.
>
> Gwelai dai ar lesni dôl
> A mynych ardd a maenol,
> Ac o bell gwelai gellwair
> Tonnau y gwynt yn y gwair.

Y rhyfeddod yw bod y cyfan yn dal mor ddealladwy hanner can mlynedd yn ddiweddarach. Eto pe darllenid rhai o awdlwyr buddugol eraill y pumdegau, ac eithrio Gwilym Tilsley, fe welid bod eu gwaith wedi dyddio yn arw o ran iaith a chystrawen. Dyna fesur dawn T. Llew gyda geiriau.

Mae hen draddodiad yng ngodre Ceredigion i ddathlu llwyddiannau eisteddfodol ei beirdd mewn steil. Yn ei fro enedigol ym Mhentre-cwrt cynhaliwyd cyngerdd o dalentau lleol gydag ardal gyfan yn dod ynghyd i'r neuadd i anrhydeddu ei phrifardd. Cafwyd noson gyffelyb yng Nghoed-y-bryn i'r trigolion gael ymfalchïo yn llwyddiant eu prifathro newydd. Rhan o adloniant y nosweithiau hyn yw cyfarchion y beirdd ac aeth degau ohonynt ati i gynganeddu Glynebwy ac Ebbw Vale ym mhob ffordd bosib ar gyfer yr achlysur. Yr arferiad iach yn y cyfarfodydd hyn yw mynd ati, nid i glodfori'r gamp yn ormodol, ond i gael hwyl a thynnu coes yr enillydd er mwyn cadw ei draed yn gadarn ar y ddaear. Wele gyfarchion Tydfor y noson honno:

> Gwelwn ebol Glynebwy – y Llew braf
>   Yn ennill bri fwyfwy,
> Rhoes ei ganiad clodadwy
> Ar ein map Goed-y-bryn mwy.
>
> I'w feddiant daeth celfyddyd – ail i berl
>   I'w barlwr bach hyfryd,
> A 'thrît' yw cael 'thirty quid'
> Yn lwfans 'da'r stôl hefyd!
>
> Yn y rwsh y bu'n brwsho – torri'i wallt,
>   Rhoi ei watsh i weithio,
> Prynu siwt, fel prins âi o
> I'w hyderus gadeirio.
>
> Hir oes i Lew'r Ymryson – Llew y sgrin,
>   Llew'r sgript a'r penillion,
> Hwn yw Llew pob cwmni llon,
> Yn awr Llew Awdl Caerllion.

Gan fod T. Llew yn gymeriad mor garismataidd ac yn gymaint pencampwr ar adrodd stori, datblygodd saga cadair Glynebwy yn rhan o chwedloniaeth yr ardal. Yr oedd wedi troi am Flaenau Gwent yng nghwmni ei frawd, Edwin, a'i ffrind, Alun Cilie, ar ddydd Mercher yr eisteddfod ar gyfer seremoni'r cadeirio y prynhawn canlynol. Ond bu dod o hyd i le i roi pen i lawr i gysgu'n dipyn o her gan fod gwestai a llefydd gwely a brecwast yn brin yng Nglynebwy. Ar ôl curo llawer drws daethant o hyd i Fedyddiwr digon sarrug a oedd yn barod i'w derbyn ar yr amod na fyddent yn ymhél â'r ddiod feddwol. Yr oedd T. Llew ar fin derbyn y cynnig yn ddiolchgar pan gyhoeddodd Alun Cilie nad oedd yr un ohonynt yn llwyrymwrthodwr o bell ffordd. Yn dilyn hyn bu'n rhaid ailadeiladu pontydd a phenderfynodd T. Llew a'i frawd fod gwely dirwestol o dan do yn apelio mwy na chysgu allan o dan y sêr. Llwyddwyd hefyd i gael lle i Alun gyda gwraig weddw'r ochr draw i'r stryd.

Wrth gloi'r stori byddai'r cyfarwydd yn gwneud dau bwynt. Y pwynt cyntaf oedd bod y Bedyddiwr yn ddyn arall fore Gwener ar ôl iddo sylweddoli iddo gael y fraint o letya bardd y Gadair, ac yr oedd hyd yn oed yn barod i ganiatáu i T. Llew gael hanner o'r ddiod gadarn pe dymunai. Yr ail bwynt oedd na fu raid i Alun dalu ceiniog i'r weddw am ei lety!

Mae'n deg dweud nad oedd fawr o syndod i neb weld T. Llew Jones yn codi ar alwad y corn gwlad yng Nglynebwy gan fod y gath allan o'r cwd yn barod. Bu'r *Western Mail* yn feius iawn yn hyn o beth. Trwy gyd-ddigwyddiad, gŵr o'r enw Llewelyn Jones o Lanbadarn Fawr a enillodd y Goron ar y dydd Mawrth. Felly ni allai ein papur cenedlaethol ymwrthod â'r cyfle i holi'r cwestiwn clyfar ac anghyfrifol ar fore'r cadeirio mewn pennawd bras, 'Will it be another Lion?' Fel y dywedodd Waldo mewn cwpled Saesneg:

> Unlucky lion leakage;
> Two have come out of a cage.

Tebyg bod rhaid i un o swyddogion Eisteddfod Glynebwy ysgwyddo peth o'r bai am yr amryfusedd. Ar y pryd, cyfrifoldeb cadeirydd y Pwyllgor Gwaith lleol oedd hysbysu'r bardd buddugol ac felly teithiodd o Lynebwy i Goed-y-bryn gyda'r newyddion da. Yn anffodus, nid oedd neb gartre yn Nhŷ'r Ysgol, ond yr oedd Evan Thomas o amgylch y lle. Yn ei naïfrwydd trefol tybiodd y Cadeirydd y gallai'r gŵr cymwynasgar hwn ei arwain at y bardd ac aeth ati i holi am wybodaeth. Ond yr unig ymateb a gafodd i'w ymholiad oedd y cwestiwn, 'O ble y'ch chi'n dod?' Heb ddeall ffyrdd y wlad na synhwyro'r peryglon atebwyd y cwestiwn yn onest gan y gŵr o Lynebwy. Nid oedd angen dweud rhagor wrth wladwr 'y pethe' ac yr oedd cath eisteddfodol 1958 wedi dianc. Evan Thomas, gyda llaw, yw gwrthrych yr englyn coffa annwyl hwn o waith T. Llew. Fe'i gwelir ar y garreg fedd ym mynwent Bwlch-y-groes:

> Mae'n eisiau'r cymwynaswr, – y dawnus
>   A'r doniol gwmnïwr;
>   Nos da, yn dy lain ddi-stŵr,
>   Y diddanus dyddynnwr.

Ar nodyn personol, cefais y fraint yn ddiweddar o dywys aelodau o Gymdeithas Lenyddol Bro Elyrch, nid nepell o Lynebwy, o amgylch bro T. Llew. Aethpwyd â hwy i Goed-y-bryn a pharciwyd y bws o flaen Tŷ'r Ysgol. Aeth yr aelodau allan i flasu'r awyrgylch ac i dynnu lluniau a chyn pen dim yr oeddent yn cael sgwrs gyda'r perchennog a oedd yn gweithio yn ei ardd. Yr oeddwn yn sefyll gyda Dafydd Islwyn ar gyrion y sgwrs honno heb glywed nemor air ohoni. Ond yn sydyn fe syfrdanwyd y ddau ohonom pan glywsom lais clir gŵr Tŷ'r Ysgol yn holi, 'O ble y'ch chi'n dod?' Yn naturiol ni chlywais y cwestiwn gwreiddiol ond clywais T. Llew yn adrodd y stori nifer o weithiau ac yr oedd goslef y ddau gwestiwn yn union yr un fath. Yn yr eiliad iasol honno daeth llais y Gorffennaf pell hwnnw yn ôl i Goed-y-bryn gan ddangos unwaith eto fod hen gof yn rhan o'n hetifeddiaeth gyfoethog fel cenedl.

Y flwyddyn ganlynol yng Nghaernarfon enillodd y Gadair genedlaethol am yr eildro, yr unig un, ar wahân i'w fentor Dewi Emrys, i gyflawni'r gamp o'i hennill ddwy flynedd yn olynol. A chyda llaw fe gadwyd y gyfrinach y tro hwn.

'Y Dringwr' oedd y testun ac fe rennir yr awdl yn dair rhan, sef Ddoe, Heddiw ac Yfory. Ynddi ceir hanes y dyn cyntefig yn mentro allan o'r ogof, yn concro'r byd drwy ddringo Everest yn 1953 ac yna'n dyrchafu ei olygon tua'r gofod a'r bydysawd ei hunan. Fel y gwelir mae'n awdl eang ei chynfas ond am ryw reswm ni chafodd y ganmoliaeth na'r sylw a gawsai cerdd Caerllion-ar-Wysg. Mae'n bosib fod beirniadaeth glaear Syr T. H. Parry-Williams wedi taflu ychydig o ddŵr oer drosti. Meddai, 'Sŵn saff, rhag ofn, gochelgar oedd i'w glywed, gyda chryn dipyn o'r hen eirfa set, dderbyniedig, a'r ymadroddi cyffredin.' Cael a chael oedd hi gan fod ganddo wrthwynebydd teilwng iawn, sef y Parchedig Emrys Edwards o Gaernarfon. Ond er i Emrys Edwards godi i dir uchel mewn rhai mannau, yr oedd y tri beirniad yn gytûn fod awdl T. Llew yn rhagori fel cyfanwaith prydyddol. Eto, fel y dywedodd Syr T. H. Parry-Williams, buddugoliaeth 'on points' oedd hi.

Mynnodd T. Llew, er hynny, mewn erthygl yn *Barddas* (Rhif 287, Ebrill/Mai 2006) fod awdl 'Y Dringwr' yn rhagori ar 'Caerllion-ar-Wysg'. Teimlai ei fod wedi cyrraedd rhyw uchafbwynt fel cynganeddwr erbyn 1959 a bod safon y grefft yn llawer uwch ac yn fwy dyfeisgar. Wele enghraifft loyw.

> A châr, yn fynych, aros
> A gwylio'r nen ar glir nos;
> Gwylio'r lloer bendrist, ddistaw,
> Gweld yr Eirth trwy'r gwagle draw.

Cytuna Donald Evans ag ef. Gwêl fod rhagoriaeth artistig waelodol yn perthyn i'r gerdd hon. Ymhelaethodd ar hyn mewn erthygl yn *Barddas* (Rhif 286, Chwefror/Mawrth 2006): 'Hanfod hyn yw ehangder asiol ei chynllunwaith o dri chaniad llaes yn portreadu esgyniad graddol dyn o'i gyfnod cyntefig i'w gyfnod modern gyda'i orchestion technegol, fframwaith a gyflwynir drwy gyfrwng cynghanedd eithriadol o soniarus mewn darluniau cysonfyw.'

Wedi degawd o gystadlu llwyddiannus, daeth buddugoliaeth 1959 â gyrfa T. Llew fel bardd eisteddfodol i ben. Ac, fel y byddai'n hoff o'n hatgoffa, ni allai fforddio cystadlu bellach gan fod gwerth tipyn mwy na'r wobr ariannol o ddeg punt ar hugain wedi cael ei lyncu gan ffrindiau niferus a ddisgwyliai i'r enillydd alw diod iddynt fel rhan o'r dathliad.

Mae perygl felly i feddwl amdano, fel y gwnaeth Derec Llwyd Morgan, fel bardd eisteddfodol yn unig. Ond go brin fod hyn yn gwneud cyfiawnder ag ef. Troes o'i wobr at ei waith a bu'n dal i ganu am ymron i hanner canrif ar ôl Eisteddfod Caernarfon. Er iddo ganolbwyntio ar ysgrifennu ar gyfer plant yn bennaf, cafodd amser i gyhoeddi dwy gyfrol o farddoniaeth i oedolion yn ogystal.

Rhaid cyfeirio yma at y cylch rhyfeddol o gywyddau ymryson a ganwyd gan feirdd godre Ceredigion yn y chwedegau. T. Llew a fwriodd y cwch i'r dŵr â'i gywydd 'I'r ceiliog du o Goed-y-bryn'. Yn ôl y stori recordiodd T. Llew gân y fwyalchen ac anfonwyd copi at y naturiaethwr enwog T. G. Walker. Mae'n debyg i'r arbenigwr farnu mai'r fwyalchen hon oedd pencerdd holl adar Cymru. Dyma rannau o'r cywydd a adroddwyd i griw'r Pentre Arms y nos Sadwrn honno:

> Canaf i gerdd ddihafal
> Deryn Du mewn derwen dal.
> O'r llwyn pa gywair llonnach
> Na'i aur bib ben bore bach?

Byddai'r bardd, na charai ganu cynulleidfaol, yn fwy na pharod i dalu i ailglywed y gân yn nhrymder gaeaf:

> Gyfaill, bryd hyn mi gofiaf
> Dy lais hwyr rhwng deilios haf,
> Yn awr prinder y gweryd
> Cei orau 'mord, bynciwr mud,
> Rhag i haf ddod i'r wig hen
> Heb foliant dy bib felen.

Erbyn y nos Sadwrn ganlynol yr oedd Dic Jones wedi ymateb:

> Mae un yng nghoed Cwmhowni
> Yma yn nwfn ein cwm ni
> Ers llawer dydd, sydd rwy'n siŵr
> Ag yntau'n gytras cantwr.
> Aderyn Du o'r hen deip,
> Digardod artist gwirdeip.

Mae'n gorffen gyda sialens:

> Os yw'n swil fe rôi Gigli
> Gwrs dwym i'th Garuso di.

Atebir yr her gan T. Llew:

> Am unwaith i Gwmhowni
> Af ryw nos â'm ffefryn i;

Cei wrando'i wyrthiol solo
A'i hardd lais gwefreiddiol o.
Clywed uwchben o'r pren praff
Glasurol fiwgl y seraff.

Caiff yr holl adar eraill eu tawelu ganddo:

Ar ynnfrig distaw'r fronfraith,
Ni chân teiliwr Llundain chwaith,
A bydd llonydd y llinos
A'i chyfarch – o barch i'r 'bòs'.

Ymunodd Alun Cilie hefyd yn y frwydr. Yr oedd ganddo yntau fwyalchen yn canu ei henaid yng Nghwmsgôg, gerllaw'r Cilie:

Medrus a dawnus denor
A'i fawl ym Mai fel y môr,
Ail organ yn nail irgoed
Y cwm ei rigwm erioed.
Haydn y wawr uwch siffrwd nant,
Iarll eurbib côr y llawrbant,
Am sboncio grymus bencerdd
Â'i dŷ'n y cyll, dewin cerdd,
Cadfridog coed y frodir,
Gloyw ei siant, Sargeant y sir.

Ond daeth diwrnod trist ac yn 1972 ni chanodd yr aderyn du yng Nghoed-y bryn fel yr arferai wneud bob gwanwyn. Dyma ddarn o farwnad T. Llew i'r cantor a'i swynodd cyhyd:

Mae'r loyw bib? Mae'r alaw bert?
Gwefr ei osber gyfrwysbert?

Mae'r aur dant ym more'r dydd?
Mae'r cerddi ym mrig hwyrddydd?
Ai mudan o'i lwyfan glas
F'aderyn dafodeirias?

Gyda'r cywydd hwn caewyd y cylch yng Ngheredigion, ond gan mor gyfoethog y traddodiad, fe'i hailagorwyd flynyddoedd yn ddiweddarach gan Myrddin ap Dafydd yn nyffryn Conwy:

Daw Mai'n fwynhad i minnau,
Ar bob cainc, ceir bywiocáu
A gwn nad oes am ganu
Well ei ddawn na'r asgell ddu;
Ym mron Garmon, ddyddiau'r gog,
Wele Swlw lais heulog
O'r un radd ac o'r un ris
Â'r cordwyr ym mro'r Cardis.

Mae'r to o gerddorion yn newydd ond yr un yw hyfrydwch cân y ceiliog mwyalch – a miwsig y gynghanedd hefyd:

Ar bren tirf, mae'r Bryn Terfel
Yn chwyddo'n galon heb gêl,
Yn troi'n wefr ei ffliwt i'r ne;
Y mae'i sgìl fel James Galway ...

Un o ryfeddodau'r corff hwn o ganu yw bod pobl brysur yn eu hoed a'u hamser wedi mynd ati yn hollol naturiol i ymhyfrydu yn yr hen grefft o gynganeddu geiriau. Hwy yw etifeddion penceirddiaid Oes Aur y Cywydd ac mae eu defnydd o'r amrywiol dechnegau, megis dyfalu, yn deilwng o Ddafydd ap Gwilym ar ei orau. Nid canu cystadleuol i ennill arian, neu gadair neu glod mohono, ond canu o'r galon gan ben-crefftwyr, a phob un ohonynt yn ceisio profi ei ragoriaeth dros y lleill mewn ysbryd o hwyl. Yr oedd y gweithgaredd yn bleser pur iddynt a byddai cynganeddu enwau priod sêr byd yr opera yn agor posibiliadau di-rif o drawiadau newydd cyffrous. Mae'n amlwg fod yr ymryson barddol yn dal yn fyw yng Ngheredigion bron bum can mlynedd ers ymrysonau enwog Llywelyn ap Gutun a Guto'r Glyn ac Edmwnd Prys a Wiliam Cynwal. Nid oes ryfedd i'r Athro Bedwyr Lewis Jones fynnu bod y cylch hwn o ganu ymhlith gogoniannau mwyaf llenyddiaeth Gymraeg yr ugeinfed ganrif.

Yn 1967 cyhoeddodd T. Llew ei gyfrol gyntaf o farddoniaeth, *Sŵn y Malu*. Yn ei gyfrol *Barddoniaeth y Chwedegau* noda Alan Llwyd fod yr awdur wedi sugno maeth o lawer traddodiad. Gellir canfod ôl yr Eisteddfod arno ac yr oedd dylanwad y Mudiad Rhamantaidd yn drwm ar gerddi eraill, megis y rhai am adfeilion. Bryd arall bardd ei fro ydyw gyda'i ganeuon cymdeithasol. Ond, fel y sylwodd Alan Llwyd: 'Mewn gwirionedd, y mae sawl traddodiad a dull yn gorgyffwrdd yng nghyfrol T. Llew Jones, a phrin y gellid ei alw'n fardd gwlad pur, ond ef, yn anad neb, oedd penteulu mabwysiedig ac etholedig y Cilie.'

Cafodd y gyfrol groeso brwd ar lawr gwlad gan fod T. Llew yn fardd y bobl. Cafodd groeso hefyd gan y mwyafrif o'i hadolygwyr. Fe'i disgrifiwyd gan Harri Gwynn yn *Y Cymro* fel 'cyfrol o farddoniaeth amryddawn gan ŵr amryddawn'. Yn *Barn* canmolodd W. Leslie Richards ei 'doethineb gwâr' a'i 'glendid crefft'. Ychwanegodd Brinley Richards yn *Y Genhinen*, 'Os prawf o ragoriaeth cyfrol yw bod ei chynnwys yn gofiadwy ac yn ddyfynadwy, yna y mae'r bardd wedi llwyddo'n ddigamsyniol.'

Ond ni phlesiwyd Euros Bowen. Yn ei adolygiad pigog yn *Taliesin* gosodir y naws gan y geiriau agoriadol: 'Casgliad o gerddi ar amrywiaeth o destunau gan fardd a allai fod yn fwy o feirniad ar ei waith ei hun.' Anwybyddir pethau gorau'r gyfrol a chanolbwyntir yn llwyr ar ei gwendidau. Dyfynnir y cwpled:

> 'Corned beef' a chiper herrins,
> Yn lle stêc, dim ond 'baked beans'

lle mae'r bardd, yn ôl yr adolygydd, yn dibrisio'r iaith drwy ddilyn un o hoff arferion ysgol y Cilie o gynganeddu enwau Saesneg er mwyn ceisio creu difyrrwch. Teimla hefyd mai'r llofft stabal yw lle cwpled fel hwn:

> Hardd wy! Pryd gorau'r ddaear,
> A daw i ni o din iâr!

Sylwodd Euros Bowen hefyd mai detholion yn unig o'r ddwy awdl fuddugol a gynhwyswyd. Dehonglwyd hyn gan yr adolygydd fel addefiad ar ran y bardd nad cyfanweithiau mohonynt. Fel arall ni ellid eu darnio. Mae'n werth nodi bod T. Llew wedi eu cynnwys yn eu crynswth, er iddo'u diwygio fymryn, yn ei ail gyfrol o farddoniaeth ugain mlynedd yn ddiweddarach. Bron yr unig awgrym o glod yw'r frawddeg ddamniol-ganmoliaethus ganlynol: 'Mae yn y gyfrol gerddi taclus ar foddau cyfarwydd.' Dyfynnir hefyd 'ambell i linell soniarus' megis honno am fynachlog Ystrad-fflur: 'Lle'r fendith yn llaw'r fandal.'

Fe glwyfwyd T. Llew gan yr adolygiad hwn. Os byddai beirniadu ar ei waith, byddai yntau'n teimlo'r peth i'r byw. Collodd ychydig o'i hyder fel bardd o bosib a chanolbwyntiodd fwyfwy ar ysgrifennu ar gyfer plant. Yr oedd yn llawer mwy cysurus yn eu cwmni gan nad oeddent yn darllen yn feirniadol fel y gwnâi oedolion. Ni fu ganddo lawer i'w ddweud wrth Euros Bowen wedi hyn nac wrth yr Academi chwaith, yn enwedig gan mai yn eu cylchgrawn hwy,

Taliesin, y cyhoeddwyd yr adolygiad. Cyfaddefodd mewn sgwrs gyda Gwilym Thomas yn y cylchgrawn *Hamdden*: 'Nid oes gan y critics mwyaf ddim golwg ar y math o farddoniaeth a sgrifennaf i. Ac i fod yn onest nid oes gennyf innau ddim golwg ar y math o farddoniaeth dywyll a diawen a glodforir ganddynt hwy.'

Mewn erthygl yn *Y Cymro* yn dwyn y teitl 'Awdur sy'n sensitif i feirniadaeth', cyfaddefodd wrth siarad â'r gohebydd, Lyn Ebenezer, ei fod yn ddyn sy'n torri ei galon os na chaiff ei ganmol a'i gymell. Ac er iddo ddal i wasanaethu ei bobl fel bardd gwlad, mae'n deg dweud na chlywyd llawer ganddo ar y llwyfan cenedlaethol am bron i ugain mlynedd. Ond bu llawer yn ei ganmol a'i gymell, gan gynnwys yr Athro Bedwyr Lewis Jones. Yn y diwedd fe'i perswadiwyd ei bod yn hen bryd iddo gyhoeddi cyfrol arall ac ymddangosodd *Canu'n Iach!* yn 1987. Arhosodd yn driw i'w lais a chanodd yn glasurol goeth ac yn delynegol gynnil i'r byd o'i gwmpas ac i'w bobl ei hun yn eu llawenydd a'u galar. Cafodd hefyd, yn Myrddin ap Dafydd, adolygydd a oedd yn 'enaid hoff, cytûn' a ddywedodd:

> I mi, mae clychau Tudur Aled a'r hen gywyddwyr yn canu wrth glywed cywyddau T. Llew Jones. Maent yn rhugl a chadarn gyda naws clasurol iddynt, megis ei gywydd coffa i Llwyd o'r Bryn a'i farwnad i'r fwyalchen yng Nghoed-y-bryn. Mae rhywun yn ymdeimlo â thraddodiad, ac eto mae yma newydd-deb a ffresni ffraeth, fel dail newydd ar hen dderwen.

Ni chyfaddawdodd â chwiwiau ffasiynol yr oes gan lynu fel y rhai a gredant at ei egwyddorion. A diolch am hynny, gan ei fod yn llais cyfoethog ymysg lleisiau amrywiol ei gyfnod ac fe erys nifer o'i gerddi tra pery'r iaith.

Geiriau a gerais

Yr oedd T. Llew Jones yn garwr geiriau a byddai wrth ei fodd yn eu trin a'u trafod wrth chwilio am yr union air i lanw'r bwlch, boed hwnnw mewn stori, cerdd neu groesair. Disgrifiwyd barddoniaeth fel 'y geiriau gorau yn y drefn orau' a chwilio am y briodas hapus honno rhwng gair ac ystyr a wnâi T. Llew fel bardd ac fel beirniad llenyddol.

Yr oedd yn feirniad llym, yn enwedig ar ei waith ei hunan, a chyfaddefodd yn ei ddyddiaduron na fu erioed yn hollol fodlon gydag un dim a gyfansoddodd, boed ryddiaith neu farddoniaeth. Fel y gallai Jon Meirion Jones dystio, yr oedd yn berffeithydd. Byddai Jon, fel golygydd y papur bro, yn casglu ynghyd y doreth cyfarchion prydyddol a gyfansoddwyd ar gyfer cyfarfodydd dathlu Gwesty'r Emlyn ac ati er mwyn eu cyhoeddi yn 'Stacan yr Awen' yn *Y Gambo*. Byddai'r mwyafrif llethol o'r cyfranwyr yn fwy na pharod i'w rhoi ac yn falch o'r cyfle i gael gweld eu gwaith mewn print. Ond greddf T. Llew fyddai rhoi ei gyfarchion yn ôl yn ei boced gan ychwanegu bod angen peth gwaith arnynt eto cyn y byddai'n barod i'w cyhoeddi, gyda hanner addewid y ceid y penillion yng nghyflawnder yr amser. Ond gwyddai Jon yn iawn, o hir brofiad, mai ofer fyddai disgwyl wedyn.

Yr un fyddai'r stori gyda'r rhan fwyaf o'i gerddi cynnar a byddai'n anfodlon iawn pe gwyddai fod rhai ohonynt wedi cael eu dyfynnu mewn penodau blaenorol o'r gyfrol hon. Er iddynt gyffwrdd calonnau'r gynulleidfa wledig, ni fyddai'n barod i'w harddel erbyn hyn. Gwyddai fod gan ei chwaer, Megan Eluned, gopïau o lawer ohonynt wedi eu torri allan o rifynnau o'r *Cardigan and Tivy-Side Advertiser* a bu'n ymbil arni i'w llosgi. Ond ni allai hi wneud hynny gan eu bod yn golygu cymaint iddi a gall ddyfynnu'n helaeth ohonynt heddiw o'i chof cyfoethog. Nid yw amser na chwaeth ffasiwn wedi pylu dim ar eu hapêl iddi hi nac i'w chenhedlaeth ym Mhentre-cwrt.

Cerddi syml, cofiadwy o natur delynegol ar fydr ac odl ydynt a fyddai, o'u llefaru, yn mynd o'r tafod i'r glust ac o'r glust i'r galon. Daliodd drwy ei oes fod rhaid i gerdd lwyddiannus 'ganu'. Heb rythmau cerddorol, marw-anedig fyddai, a gofidiai yn fawr fod tinc yr hen ganu yn absennol mewn cyfran helaeth o'n barddoniaeth gyfoes.

Cafodd gyfle i ddatgan ei faniffesto barddol yn groyw pan wahoddwyd ef i olygu cyfrol *Cerddi '79* yn y gyfres flynyddol honno a noddwyd gan Gyngor Celfyddydau Cymru. Yn y chwedegau rhoddwyd bri yn y cylchoedd eisteddfodol pryddestol ar gerddi tywyll, afrwydd a llafurus, a mabwysiadwyd y dull hwn o gyfansoddi gan amryw o feirdd gwers rydd y cyfnod. Ond bu adwaith yn erbyn y beirdd tywyll. Gwthiwyd y cwch i'r dŵr gan D. Tecwyn Lloyd yn ei ddarlith lenyddol 'Y Wers Rydd a'i Hamserau' a thua'r un adeg ymddangosodd *Cerddi '79*. Mae'r rhagymadrodd yn ddiflewyn-ar-dafod a chynhyrfwyd y dyfroedd llenyddol yng Nghymru. Eir yn syth at y pwynt:

> Ni cheir yma fawr ddim barddoniaeth 'dywyll'. Y rheswm pennaf am hynny yw na wahoddwyd cyfraniadau oddi wrth feirdd a fyddai'n debyg o anfon cerddi felly i'r golygydd, a hynny am ddau reswm. Yn y lle cyntaf mae llawer o'n barddoniaeth dywyll ni yn feichus i'w darllen

ac yn dipyn o fwrn, hyd yn oed ar ddarllenwyr gweddol ddeallus. Buom yn amyneddgar ac ymroddgar iawn ers blynyddoedd yn ceisio 'dehongli' cerddi rhai o'n beirdd enwocaf, ond profodd yr anghytuno dybryd a fu rhwng y bardd Euros Bowen, a'i ddehonglydd Alan Llwyd, mai gwaith di-fudd a pheryglus yw hynny. Y perygl yw camddehongli a gwneud cam â'r bardd a'i gerdd. Os methodd Alan Llwyd, sy'n feirniad llenyddol, ac yn fardd disglair ei hun, yna mae siawns y gweddill ohonom yn bur dila!

Nid oedd gan T. Llew lawer i'w ddweud wrth Euros Bowen fel bardd, nac fel adolygydd chwaith, os cofiwch. Yr oedd ei gydymdeimlad ef yn y ddadl hon ag Alan Llwyd ac mae'n debyg iddo ddatgan, a direidi yn ei lygaid, fod deongliadau Alan bron â llwyddo i wneud bardd o Euros Bowen.

Beirdd traddodiadol cefn gwlad y dosbarthiadau nos ac enillwyr gwobrau eisteddfodau lleol a thaleithiol a gafodd wahoddiad i gyfrannu i *Cerddi '79*. Yr oedd yn awyddus i roi sylw i feirdd swil yr encilion fel Huw Huws, John Penry Jones, Iorwerth Lloyd a T.J. Harries, a hynny ar draul lleisiau uwch beirdd mwy arbrofol. Ychwanegodd ei fod o'r farn 'fod rhai beirdd yn canu'n dywyll am nad oes ganddynt weledigaeth glir na'r ddawn i drosglwyddo eu neges i'r oes y maent yn byw ynddi'.

Bu ymateb Vaughan Hughes yn *Barn* yr un mor eithafol – a'r un mor huawdl hefyd. Meddai: 'Fe ymddengys i mi mai beirdd concrid, ar y cyfan, yw'r rhai a chanddynt rywbeth i'w ddweud y dyddiau hyn. Oherwydd eu meistrolaeth ar y gynghanedd, dysgodd nifer o feirdd cefn gwlad sut i wneud sŵn, heb ddweud affliw o ddim.'

Yr oedd geiriau John Rowlands yn *Y Faner* (28 Medi 1979) yr un mor finiog: 'Deued a ddelo, mi fyddwn yn ddiogel mewn cell â'r *Flodeugerdd Englynion* neu *Anghenion y Gynghanedd* yn sylfaen iddi, *Barddas* yn waliau a *Cherddi '79* yn do.'

Tudalennau'r *Faner* oedd maes ffyrnicaf y frwydr, yn enwedig ar ôl i'r golygydd, Jennie Eirian Davies, ymosod yn yr erthygl flaen ar yr hyn a welai hi fel 'monopli'r beirdd caeth' ar farddoniaeth Gymraeg.

I Bryan Martin Davies (14 Medi 1979) yr oedd y detholiad yn llawer rhy saff a cheidwadol: 'Agwedd ryfedd at gelfyddyd greadigol yw credu bod monopoli'r gwirionedd yn eich meddiant chi yn unig, ac mae awgrymu fod diffyg gweledigaeth a dawn a dim i'w ddweud yn nodweddu gweithiau'r beirdd a elwir yn "feirdd tywyll" yn honiad arbennig o ffôl.'

Yr oedd Menna Elfyn hefyd, mewn llythyr agored yr wythnos gynt, wedi gresynu nad oedd yr un llais benywaidd yn y gyfrol.

Ymatebodd T. Llew Jones mewn llythyr yn rhifyn 21 Medi o'r *Faner* i'r hyn a alwodd yn 'ymosod annheg' o sawl cyfeiriad. Er iddo gael ei glwyfo mae'n dal ei dir ond yn cyfaddef ar yr un pryd y byddai wedi taflu ei rwyd yn ehangach oni bai am y ddamwain car erchyll a gawsai'n gynharach yn y flwyddyn. Fel canlyniad i honno bu raid iddo orwedd yn segur ar ei gefn yn Ysbyty Aberystwyth am chwe wythnos yn ystod cyfnod y casglu a'r dethol.

Ond cafodd gefnogaeth gan Tecwyn Lloyd a chan feirdd *Barddas*. Teimlai'r mwyafrif llethol ohonynt ei fod yn siarad drostynt a chytunent ag ef i'r carn. Wele englyn Einion Evans i T. Llew gyda'i lach ar y beirdd tywyll:

> Glanwaith Beirdd y Goleuni – a lywiaist
>   I luoedd eleni.
> Ni welaist glyfrwch dwli,
> Na'r wyrth mewn ridl-mei-ri.

Er nad yw Derwyn Jones yn dangos ei ochr i'r fath raddau, teimlaf ei fod yntau hefyd yn un o ddynion T. Llew ac yn mwynhau'r sgarmes:

> Rhoddi taw ar feirdd tywyll, – eu halltu,
>   Yna eu gwylltio'n gandryll,
> A rhoi'i arswyd ar wersyll
> Dyrys gad Euros y Gwyll.

Tua'r adeg yma hefyd y gwelwyd cartŵn Gerallt Lloyd Owen ar glawr y cylchgrawn *Barddas* lle mae'r Llew yn fflangellu'r Eurosfardd. Dylid nodi bod copi ohono wedi ei fframio ac yn hongian mewn lle anrhydeddus yn yr ystafell fyw yn Nôl Nant.

Er i'r gyfrol hon fod yn destun dadlau ffyrnig a phegynu barn, cafwyd adolygiad cytbwys ohoni gan Emrys Roberts ar dudalennau *Barddas*. Ynddi mae'n llongyfarch y golygydd am roi llwyfan anrhydeddus i'r gynghanedd ac i gynifer o feirdd gwlad safonol. Ar yr un pryd mae'n taro nodyn o rybudd: 'Cytunaf â'r golygydd ein bod wedi cael gormod o farddoniaeth dywyll, ond gobeithio nad ydym fel cenedl yn ofni tipyn o ddyfnder ac arbrofi yn ein barddoniaeth. Troi y cloc yn ôl a fuasai hynny.'

Saith mlynedd ar hugain yn ddiweddarach aeth T. Llew ati i ailbwysleisio'i bwynt pan gyhoeddodd *Geiriau a Gerais* ac yntau'n naw deg oed. Yr un yw'r athroniaeth y tu ôl i'r dewis a cherddi swynol o natur delynegol ar fydr ac odl a chynghanedd yw'r mwyafrif ohonynt. Ond, fel y nodwyd gan Alan Llwyd yn ei adolygiad craff yn *Barddas*, cerddi cyfnod ydynt ac mae'r casgliad yn adlewyrchu goreuon y cyfnod hwnnw. Â yntau hefyd ymlaen i'n hatgoffa 'na allai barddoniaeth Gymraeg fod wedi aros yn y cyfnod hwnnw. Byddai hynny wedi ei lladd'.

Heb amheuaeth, gwyddai T. Llew na ellid troi yn yr unfan yn ddiddiwedd mewn unrhyw gelfyddyd. Yr oedd, wedi'r cyfan, yn un o edmygwyr mwyaf cerddi mawr Waldo ac mae Donald Evans yn cofio T. Llew yn ceryddu criw'r Pentre Arms yn ffyrnig ar un achlysur am ganu'n rhy ddifeddwl a ffwrdd-â-hi. Gwyddai fod rhaid twrio i ddyfnderoedd yr enaid i greu barddoniaeth arhosol. Fel y dywedodd Dic Jones yn ei gywydd i T. Llew: 'Ti yn dy sêt a'n dwysâ.' Ond gwyddai hefyd fod yn rhaid i'r bardd llwyddiannus gyrraedd clust a chalon ei gynulleidfa. Atgoffodd ni o hynny yn effeithiol iawn yn 1979 (*Cerddi '79*) ac yn 2006 (*Geiriau a Gerais*). A dyna oedd ei fwriad.

John Roderick Rees a ddywedodd: 'Nid oes rhinwedd mewn tywyllwch, na mawredd mewn meithder.' Byddai T. Llew yn cytuno ag ef i'r carn. Yn naturiol felly, chwilio am y cynildeb telynegol soniarus a wnâi fel bardd ac fel beirniad. Enillodd ei blwyf yn y cylchoedd barddol a bu'n tafoli yng nghystadleuaeth y Gadair yn yr Eisteddfod Genedlaethol ar saith achlysur rhwng 1962 ac 1992. A chan fod ganddo lais cyfoethog, presenoldeb hawddgar a dawn i drin cynulleidfa, ef hefyd, yn fynych iawn, a fyddai'n traddodi o'r llwyfan ar ran ei gyd-feirniaid. Gellid ymddiried ynddo i roi urddas i'r seremoni.

Mae'n debyg mai'r gystadleuaeth gyntaf iddo'i beirniadu, yn Llanelli yn 1962, pryd y cadeiriwyd Caradog Prichard am ei awdl 'Llef Un yn Llefain', oedd yr un gryfaf o ran nifer a safon. Yr oedd pump ar hugain wedi cystadlu a rhoddwyd naw ohonynt yn y dosbarth cyntaf ganddo. Llwyddai hefyd yn ddi-feth i ddod o hyd i o leiaf un ymgeisydd a oedd yn cyrraedd, gan ddyfynnu o'i feirniadaeth yn 1986, 'y safonau, digon annelwig, sydd gennym wrth feirniadu cystadleuaeth fel hon.' Byddai atal gwobr, heb iddi fod yn rhaid caled arno fel yn achos cystadleuaeth yr englyn yn Eisteddfod 1972, yn groes i'w natur ac yn arwydd o negyddiaeth. Diddorol yw sylwi, er na wyddom faint o drafod ac ailfeddwl a fu yn y dirgel, fod yna gytundeb llwyr ynglŷn â'r dyfarniad terfynol ymysg y tri beirniad ar y saith achlysur. Mae'n werth nodi ei fod yn un o'r beirniaid yn 1990 pan benderfynodd Dic Jones a'i ddosbarth yng Ngwesty'r Emlyn, Tan-y-groes, dorri'r rheolau'n rhacs a chystadlu ar y cyd am y Gadair genedlaethol. Y gaeaf hwnnw bu'r dosbarth yn gweithio ar awdl ysgafn am rwydwaith y pibau carthffosiaeth. Tybid bod hyn yn addas iawn gan mai 'Gwythiennau' oedd y testun gosodedig. Ni chafodd T. Llew unrhyw rybudd ymlaen llaw o'r cynllwyn ond bu'n ddigon effro i synhwyro rhyw ddrwg yn y caws ac yn ddigon ysgafndroed i ochrgamu allan o'r cornel yn osgeiddig.

Ni fu mor ffodus ar yr unig achlysur y galwyd arno i feirniadu yng nghystadleuaeth y Goron. Yn Eisteddfod Genedlaethol 1974 cafodd ei ddal yn y canol rhwng dwy farn bendant. Yr oedd T. Glynne Davies o blaid W. R. P. George tra oedd Gwyn Erfyl yn ffafrio pryddest D. Islwyn Edwards. Ar y llaw arall, nid oedd yr un o'r wyth ar hugain ymgeisydd wedi plesio T. Llew yn llwyr ac ofnai y byddai'n rhaid atal y wobr. Ond gan fod ei ddau gyd-feirniad yn hapusach ynglŷn â safon y goreuon, dychwelodd at y ddwy bryddest hyn a roddwyd o'r neilltu ganddo yn wreiddiol. O wneud hyn, cynhesodd at gerdd dywyll W. R. P. George. Yn ôl ei feirniadaeth ysgrifenedig cafodd fwy ynddi ar bob darlleniad o hynny ymlaen, ac mae'n bosib mai ei chyfoeth o gyfeiriadaeth fytholegol, un o hoff feysydd y beirniad, a droes y fantol o'i phlaid. Er hynny, teimlaf na fu iddo fwynhau'r profiad ymhlith y pryddestwyr; mae'n ymddangos yn llawer mwy cysurus ac awdurdodol wrth dafoli'r cerddi caeth. Yn ôl ei gyfaddefiad ei hun, ymgeisiodd ar ddau achlysur am y Goron genedlaethol, ac wrth edrych yn ôl mae'n bosib fod ei awen yn rhy felys a gwerinol i fodloni chwaeth beirniaid y cyfnod, yn enwedig o gofio am rai o'r pryddestau trymaidd a di-fflach a wobrwywyd ganddynt.

Bu'r profiad o feirniadu cystadleuaeth y Fedal Ryddiaith yn fwy pleserus a chyfaddefodd yn ei feirniadaeth yn Eisteddfod Aberteifi yn 1976 iddo gael mwy o hwyl yng nghwmni'r llenorion nag a gafodd wrth gloriannu ambell gystadleuaeth farddol. Cafodd yr un blas yn darllen yr un nofel ar ddeg ar gyfer pobl ifanc a gyflwynwyd i gystadleuaeth y Fedal Ryddiaith yn 1989. Ar ben hynny, bu'n beirniadu nifer o'r cystadlaethau llai megis yr englyn, yr englyn ysgafn, salm foliant mewn cynghanedd, awdl enghreifftiol a chasgliad o gant o englynion digri. Yn ogystal, cydnabuwyd ei arbenigedd ym myd barddoniaeth i blant a gofynnwyd iddo dafoli cystadlaethau megis llunio blodeugerdd a chyfansoddi casgliad o gerddi ar eu cyfer. Mewn gwirionedd, prin fu'r blynyddoedd dros gyfnod o ddeng mlynedd ar hugain pan nad oedd enw T. Llew Jones i'w weld ar restr y beirniaid.

Gwasanaethodd hefyd fel aelod o bwyllgor llên canolog yr Eisteddfod Genedlaethol am dros chwarter canrif. Bu ei gyfraniad yno yn allweddol a'i ddylanwad yn bellgyrhaeddol. Bu'n rhaid iddo frwydro'n galed, yn llais unig yn aml, i warchod dyfodol yr awdl fel ffurf lenyddol. Gwyddai fod yr awdl yn un o'n trysorau cenedlaethol a byddai rhoi penrhyddid i gystadleuwyr y Gadair ganu'n ddigynghanedd yn hollol annerbyniol iddo. Yr oedd yna ar y pryd ymgyrch gref i ddileu'r rheol a ofynnai am lunio cerdd yn y mesurau caeth traddodiadol yng nghystadleuaeth y Gadair. Safodd yn gadarn ar fwy nag un achlysur yn erbyn pobl bwerus fel y cyn-archdderwydd Gwyndaf a'r Athro Bedwyr Lewis Jones a oedd yn awyddus i agor y gystadleuaeth i feirdd caeth a rhydd gan gynnig y Gadair am farddoniaeth a'r Goron am ryddiaith.

Bu'n rhaid iddo gyfaddawdu ychydig drwy ganiatáu i bwyllgorau lleol yr hawl, unwaith bob tair blynedd, i ddileu'r cymal a alwai am gerdd yn y mesurau caeth gan agor y drws i feirdd y wers rydd gynganeddol. Er hynny, yr oedd wedi ennill buddugoliaeth fawr gan gadarnhau'r egwyddor fod disgwyl i gerdd y Gadair fod mewn cynghanedd gyflawn. Wedi'r cyfan, y gynghanedd ei hunan, yn hytrach na'r mesurau, oedd y trysor i'w ddiogelu.

Dyma gyfnod y dadeni cynganeddol a sefydlwyd y Gymdeithas Gerdd Dafod mewn cyfarfod cyhoeddus yn ystod Eisteddfod Genedlaethol Aberteifi yn 1976. Etholwyd T. Llew Jones fel ei Llywydd cyntaf a dewiswyd Alan Llwyd a Gerallt Lloyd Owen fel golygyddion i'r cylchgrawn *Barddas*, gyda Roy Stephens yn ysgrifennydd a T. Arfon Williams yn drysorydd. T. Llew hefyd oedd ysgrifennydd y panel a sefydlwyd yn enw'r Eisteddfod i edrych eto ar reolau cerdd dafod; teimlid bod angen arolwg o'r newydd gan fod yr iaith a'r dulliau o'i llefaru yn newid yn gyson. Aelodau eraill y panel oedd y Dr Thomas Parry, Geraint Bowen, Gwilym R. Tilsley, Dic Jones, Alan Llwyd, Emrys Roberts a Brinley Richards, a chyhoeddwyd yr argymhellion yn 1967. Bu T. Llew yn gefnogol iawn i'r gynghanedd ac i Gymdeithas Barddas a'i swyddogion o'r cychwyn ac, fel arwydd o werthfawrogiad, fe'i henwebwyd fel ei Llywydd Anrhydeddus cyntaf.

Rhaid cofio na fyddai modd i'r Eisteddfod Genedlaethol fodoli heb y rhwydwaith o eisteddfodau taleithiol a phentrefol sy'n ei chynnal. Bu T. Llew yn ffyddlon iawn iddynt gan feirniadu'n gyson yng ngwyliau Pantyfedwen yng Ngheredigion ac yn eisteddfodau mawr Powys a Môn yn ogystal ag yn eisteddfodau bach y pentrefi. Fel un a fagwyd yng nghefn gwlad yr oedd yn ymwybodol o bwysigrwydd cyfarfodydd cystadleuol y capel a'r pentref i'r diwylliant cenedlaethol. Clywais ef yn dweud droeon iddo ennill ar yr englyn cenedlaethol ymhell cyn iddo ddod i'r brig yng nghystadleuaeth yr englyn yn eisteddfod Rhydlewis. Gyda bois y Cilie ac eraill yn eu hanterth yr oedd cipio'r wobr yn eisteddfod Calan y pentref hwnnw yn dipyn o gamp. Yr oedd eisteddfota yn y gwaed a bu droeon yn gyrru adref yn oriau mân bore Sul i odre Ceredigion ar ôl treulio dydd Sadwrn ar ei hyd yn beirniadu yn un o eisteddfodau'r Llannau ym Mhenllyn. Er mawr foddhad iddo, darganfu fod yna lawer Rhydlewis arall yn llechu yng nghymoedd diarffordd cefn gwlad Edeyrnion.

Mewn eisteddfodau llai byddai disgwyl arno i feirniadu'r adrodd yn ogystal â'r llenyddiaeth. Ac yr oedd, wrth gwrs, gyda'i lais cyfareddol, ei ddawn lwyfannu a'i reddf gynhenid i ddehongli cerdd yn fwy na chymwys i wneud hynny. Yn wir, bu nifer o adroddwyr profiadol yn curo wrth ei ddrws a gallai ymffrostio ei fod wedi hyfforddi o leiaf ddwy a gafodd lwyddiant ar lwyfan yr Eisteddfod Genedlaethol, sef Owenna Davies a Rhian Davies. Ac mae rhai o wragedd ardal Tre-groes, na fuont erioed ar lwyfan na chynt na chwedyn, yn dal i gofio amdano yn eu galw at ei gilydd i'w hyfforddi fel côr cydadrodd i gystadlu yn eisteddfod yr eglwys yn y pentref. Byddai hefyd, fel athro, yn paratoi plant ar gyfer cystadlaethau'r Urdd a bu galw mawr arno i feirniadu yn eisteddfodau cylch, sirol a chenedlaethol y mudiad.

Mae'n bosib mai un o binaclau ei yrfa fel beirniad llên oedd dyfarnu'r gadair i Gerallt Lloyd Owen yn Eisteddfod Genedlaethol yr Urdd, Aberystwyth yn 1969. Teimlai ei bod wedi bod yn fraint iddo gael gwneud hynny a deil darnau o'i feirniadaeth o'r llwyfan i ganu yn y cof: 'Fe geir ambell flwyddyn yn hanes gwinllannoedd Ffrainc pan fo haul a gwynt yn cydweithio â'i gilydd i roi grawn a gwin arbennig. Gelwir blwyddyn fel yna yn 'vintage year' yn Saesneg. Blwyddyn felly yw hi wedi bod yn hanes Cystadleuaeth y Gadair yn

Eisteddfod Genedlaethol yr Urdd eleni. Ni fu nemawr erioed fwy o deilyngdod.

Ni fu erioed, chwaith, hapusach cyfuniad o fardd a beirniad; yr oeddent fel pe baent wedi cael eu llunio ar gyfer yr achlysur. Gyda'r Arwisgo yn y cefndir yr oedd Cymru 1969 yn wlad lawn tensiynau; yr oedd y gynulleidfa eisteddfodol, fel y genedl, wedi ei rhannu. Cymhlethwyd pethau ymhellach pan wahoddwyd y tywysog gan yr Urdd i annerch o lwyfan ei heisteddfod; yr oedd ef ar y pryd yn cael gwersi Cymraeg yng Ngholeg Prifysgol Cymru, Aberystwyth. Cerddi cenedlatholgar i gynhesu'r gwaed a chyffwrdd â'r galon oedd cerddi buddugol Gerallt Lloyd Owen a dotiodd y beirniad arnynt. Wylodd yntau, fel y gwnaeth Llywelyn, o weld, unwaith eto, daeogrwydd ei gyd-Gymry. Ymddangosai fel petai hanes yn ailadrodd stori Caerllion-ar-Wysg ond ar yr achlysur hwn yr oedd y llanc a'r pennaeth hŷn ar yr un donfedd. Penderfynodd y beirniad fod yn rhaid iddo yntau hefyd ddangos ei ochr a'i fwriad oedd cloi ei sylwadau drwy ddatgan yn eglur mai bardd ifanc y gadair, ac nid aer coron Lloegr, oedd gwir dywysog Cymru. Ond yn anffodus daeth mellten, a thwrw byddarol yn glòs ar ei hôl, a boddwyd ei eiriau herfeiddiol yn sŵn y daran. Oni bai am hynny byddai'r storom wedi bod yn ffyrnicach fyth.

Rhaid cofio hefyd am ei ddosbarthiadau nos i drafod cerddi a dysgu'r gynghanedd. Cynhaliwyd y rhain o dan nawdd Adran Efrydiau Allanol y Brifysgol a bu'n cynnal cyfres o wersi yn rheolaidd dros nifer o flynyddoedd yn Aberaeron, Llanbedr Pont Steffan, Castellnewydd Emlyn a Ffostrasol. Yr oedd y John Gwilym Jones ifanc yn aelod o un o'i ddosbarthiadau yn Ffostrasol, a phan enillodd ei ddisgybl Gadair Genedlaethol Eisteddfod Bro Ddyfi yn 1981 gallai'r athro ymffrostio'n gyfiawn mai ef a'i rhoes ar ben ffordd. Yna, pan enillodd Tudur Dylan, mab John Gwilym Jones, y Gadair Genedlaethol ym Mro Colwyn yn 1995 byddai'r athro barddol, a gwên fawr ar ei wyneb, yn esgus hawlio'r clod eto gan mai ef a hyfforddodd y tad.

Yn reddfol, nid da gan T. Llew gyrsiau ysgrifennu creadigol. Teimlai mai dawn na ellid ei dysgu ydoedd a bod llenor neu fardd yn cael ei eni felly. Er hynny, teimlai fod modd dysgu'r cynganeddion gan mai crefft yn hytrach na chelfyddyd ydoedd. Ond nid oedd gan bawb glust at y gynghanedd, er mor dalentog fyddai'r athro. Mae yna stori am gymeriad o'r fath yn un o ddosbarthiadau T. Llew. Yr oedd Ifan wedi sawl gwers yn dal yn fyddar i'r glec ond yr oedd yr athro, y noson honno, yn benderfynol o gyrraedd y nod. Taflodd T. Llew y pum sill 'yn nhraed ei sanau' tuag at Ifan gan ofyn iddo, wedi yngan ei enw fwy nag unwaith, feddwl am enw personol deusill i'w roi ar ddechrau'r ymadrodd er mwyn cwblhau llinell seithsill o gynghanedd lusg. Bu Ifan yn ystyried yn hir cyn mentro ar y llinell 'Santa Clos yn nhraed ei sanau'.

Ond mae'n debyg mai ei ddosbarth mwyaf talentog oedd ei un olaf, sef criw'r Beisons yng nghlwb y Bowls yn Aberteifi. Yr oedd ganddo yno gnewyllyn cryf o aelodau a fedrai gyfansoddi cerddi derbyniol iawn yn y caeth a'r rhydd a bu ganddynt dîm yng nghystadleuaeth Talwrn y Beirdd y BBC am gyfnod. Ar ôl i hwnnw chwalu ymunodd rhai o'r aelodau megis Dai Lewis a D. T. Lewis â thîm Ffostrasol ac aeth eraill fel Emyr Oernant, Arwel Jones, Ken Griffiths a Jon Meirion Jones ymlaen i ffurfio tîm Tan-y-groes. Aelod arall o'r dosbarth hwnnw oedd Dafydd Wyn Jones, sydd erbyn hyn wedi ennill ar yr englyn a'r cywydd yn yr Eisteddfod Genedlaethol ar ddau achlysur a phum gwaith ar yr englyn ysgafn. Ac roedd Dafydd yn tystio bod y gwersi hynny, nid yn unig yn addysgiadol, ond yn hwyl hefyd.

Yn achlysurol, byddai Dafydd yn dod â'i fab, Ceri Wyn, i'r dosbarth pan na fyddai gemau rygbi i'w chwarae. Crwtyn ysgol oedd Ceri ar y pryd a gwerthfawrogodd y nosweithiau difyr hynny. Yn y Clwb Bowls, wrth draed T. Llew, cafodd flas ar drin geiriau ac erbyn hyn mae'n un o'n beirdd a'n cynganeddwyr disgleiriaf. Mae'n hael ei glod i'w athro barddol ac mae'r disgybl disglair bellach yn cynnal ei ddosbarth cynganeddu ei hunan:

> Pan weithiaf yn fy stafell hyn o gerdd
>   i'r gŵr fu'n fy nghymell,
>   mae o hyd, ac yntau mhell,
>   Llew ei hun ymhob llinell.

Bu galw mawr arno hefyd fel meuryn ymrysonau a thalyrnau. Yn genedlaethol bu'n llanw'r bwlch rhwng cyfnod O. M. Lloyd a Gerallt Lloyd Owen yn ymryson y Babell Lên tua dechrau'r wythdegau. Yr oedd yn feuryn poblogaidd a byddai ei dasgau yn cynnig cyfle, neu 'sporting chance' chwedl Waldo, i'r ymrysonwyr. Er hynny, byddai wrth ei fodd yn adrodd y stori am y tîm o'r gogledd a gollwyd. Cawsant y tasgau ar lwyfan Pabell Lên Eisteddfod Genedlaethol Abertawe yn 1982 ac yr ydym yn dal i ddisgwyl ffrwyth eu cynnyrch.

Meithrinwyd awen barod T. Llew yn yr ymrysonau a gynhaliwyd yn neuaddau Caerwedros, Pontgarreg a Phenrhiw-llan yn y cyfnod wedi'r Ail Ryfel Byd pan ddeuai ardal gyfan ynghyd i brofi'r hwyl. Y Parchedig a'r Prifardd Simon B. Jones fyddai'r meuryn a phan gollwyd ef disgynnodd y fantell ar T. Llew. Yn raddol troes ymryson yn dalwrn, ond eto'r un fyddai'r gofynion i'r tafolwr. Oherwydd natur lafar y gystadleuaeth rhaid i'r ymrysonwr a'r talyrnwr, yn wahanol i feirdd y cyfrolau, apelio'n syth at ei gynulleidfa wrth chwilio am yr 'o' werthfawrogol. Byddai galw felly am lendid crefft ac eglurder mynegiant, dwy rinwedd y byddai'r meuryn hwn yn chwilio amdanynt mewn unrhyw ffurf ar farddoniaeth. Ni fyddai gan T. Llew fawr o gydymdeimlad â'r talyrnwr a fyddai'n gorfod rhoi rhagymadrodd hir cyn dweud ei linell o flaen y meic. Ar achlysuron felly, yr isafswm o wyth marc fyddai'r sgôr ac fe nodid yn weddol blaen fod saith a hanner o'r rheiny am yr esboniad.

Nid oedd pall ar ei weithgarwch dros 'y pethe'. Gelwid arno i ddarlithio ymhell ac agos a byddai yn ei elfen yn rhannu o'i atgofion am bobl fel Dewi Emrys, Bois y Cilie ac am feirdd gwlad yn gyffredinol. Yr oedd yn hoff iawn, yn enwedig yn y blynyddoedd olaf, o ddwyn i gof hen arferion ffordd o fyw a oedd yn prysur ddiflannu o'r tir. Byddai wrth ei fodd o flaen cynulleidfa; tywysai ei wrandawyr drwy'r holl emosiynau gan eu difyrru a'u dwysáu yn union fel y dymunai. Ni fu ei ragorach fel llwyfannwr.

Cofiaf amdano yn wyth deg pump oed yn dychwelyd o lawdriniaeth go egr i wefreiddio Pabell Lên orlawn yn Eisteddfod Genedlaethol Llanelli 2000 gyda mabinogi ei fywyd. Trwy drugaredd fe recordiwyd y ddarlith honno gan Tapas, cwmni'r diweddar Eurig Wyn, ac fe'i gwerthwyd yn ei channoedd ar y Maes gan alluogi rhai i ailflasu'r awr a rhoi cyfle i eraill amgyffred maint eu colled. Yr oedd ar ei fwyaf cysurus ymhlith ei bobl ei hun a gwell oedd ganddo gwmni'r gwerinwr na'r ysgolhaig. Gwladwr ydoedd wrth reddf a chofiai un achlysur pan aeth â'i ddarlith ar Fois y Cilie i dref ddiogel ei maint. Addefodd na chafodd hwyl arbennig arni'r noson honno oherwydd iddo deimlo bod nifer o'r gynulleidfa yno o ran dyletswydd yn unig. Y noson ganlynol traddododd yr un ddarlith yn Nhregaron lle'r adferwyd ei hyder clwyfedig gan lond festri o chwerthin iach cefn gwlad.

Cofnodir yr achlysuron pan âi i ddarlithio, ynghyd â'r ymateb yn ei ddyddiaduron. Yn fynych, ychwanegir sylw hoffus, swil fel 'Aeth pethau yn go LEW', neu hyd yn oed 'Go lew, Llew'. Mynegodd galon y gwir wrth chwarae â'r geiriau a garodd.

A chwaraei di wyddbwyll?

'A chwaraei di wyddbwyll?' yw cwestiwn Arthur i Owain ab Urien yn y chwedl Arthuraidd 'Breuddwyd Rhonabwy'. 'Chwaraeaf, Arglwydd' yw'r ateb ac â'r ddau ymlaen i chwarae pedair gêm o wyddbwyll i gyfeiliant y frwydr a ymleddir yn y cefndir rhwng lluoedd arfog y ddau bennaeth. Yn ystod y gêm teimlir bod y frwydr a'r chwarae yn mynd yn un a bod yr holl symudiadau yn cael eu rheoli gan y ddau wrthwynebydd a eistedda'r naill ochr a'r llall i'r bwrdd. Brwydr, felly, yw gwyddbwyll a rhaid wrth ysbryd ymladdgar i'w chwarae yn llwyddiannus; arwydd o wendid fyddai dangos trugaredd.

Mae'r gêm wyddbwyll yn hen iawn a diau fod yr hynafiaeth hon yn rhan o'i hapêl i T. Llew. Gellir ei holrhain yn ôl i'r India ac mae lle i gredu ei bod yn hŷn na Christnogaeth. Ceir tystiolaeth bendant fod yr Arabiaid yn ei chwarae yn y seithfed ganrif a lledodd i ynysoedd Prydain gyda dyfodiad y Normaniaid yn yr unfed ganrif ar ddeg. Ac er bod cryn wahaniaeth rhwng yr hen 'wyddbwyll' Celtaidd a chwaraewyd gan Arthur ac Owain a'r hyn a adwaenir yn fyd-eang fel *chess* heddiw, teimlai T. Llew fod yna ddigon o nodweddion cyffredin rhyngddynt i gyfiawnhau defnyddio'r hen enw 'gwyddbwyll' ar y gêm fodern. Yr oedd y ddwy yn gemau lle symudid darnau ar hyd blychau sgwâr, ac, yn bwysicach fyth, yr un oedd eu hanfod, sef hel a dal y brenin. Nid ras mohoni nac ymdrech i groesi rhyw linell bell. Byddai modd i chwaraewr gwyddbwyll ildio nifer o'r brwydrau bach, yr un fath ag aelod o bwyllgor neu wleidydd, a dal i ennill y rhyfel.

Fel criced, gêm i ddeallusion ydyw gwyddbwyll. Rhaid i'r chwaraewr llwyddiannus, wrth ystyried ei symudiad nesaf, fedru rhag-weld y darlun cyflawn symudiadau lawer yn ddiweddarach, heb golli golwg ar yr hyn sy'n digwydd y funud honno. Ac fel y nododd ei gyfaill a'i gyd-chwaraewr y Tad Seamus Cunnane, mae'n gêm sydd fel petai wedi ei chynllunio ar gyfer T. Llew Jones. Perthynai iddo'r crebwyll angenrheidiol i ddarllen y chwarae, cyfrwystra'r troellwr llaw chwith i gael y gorau ar ei wrthwynebydd ynghyd â'r ysfa gystadleuol i lwyddo. Fel pob athletwr a gymer ei grefft o ddifrif, yr oedd yn enillydd wrth reddf ac yn casáu colli.

Cofia'r Tad Cunnane un achlysur arbennig pan chwaraeai yn erbyn T. Llew yn rownd derfynol Pencampwriaeth y Canolbarth. Byddai'r Tad, ei gyd-aelod o glwb Aberteifi, pe enillai'r ornest honno, yn cipio'r teitl, ond ni fyddai ennill pwynt o unrhyw werth i T. Llew gan ei fod eisoes allan o'r ras. Eto yr oedd ganddo ormod o barch i'r gêm, i'w wrthwynebydd ac iddo ef ei hun i ildio'n ddiplomataidd ac ni fyddai'r Tad Cunnane yn dymuno hynny o bethau'r byd. Chwaraeodd T. Llew hyd eithaf ei allu gan lwyddo i gael gêm gyfartal a rhwystro'i gyfaill mynwesol rhag ennill y teitl y flwyddyn honno.

Meddai ar y dygnwch cymeriad a'i gyrrai i ddal ati tan ddiwedd y chwarae ac yr oedd yn rhyfeddol pa mor aml y llwyddai i gael gêm gyfartal, neu hyd yn oed fuddugoliaeth, mewn sefyllfa a ystyrid yn golledig gan eraill. Nid ildiai tan y byddai raid, beth bynnag fo'r gêm. Er enghraifft, ar lawr ymrysonau'r beirdd, byddai wastad yn ceisio caboli ei linellau, hyd yn oed ar ôl cyrraedd y meic. Nid oes ryfedd felly iddo ymhyfrydu mewn gwyddbwyll a'r gamp a ddisgrifiodd fel 'y gêm fwrdd orau yn y byd'.

Er hynny, mater o hap fu iddo ddarganfod y gêm o gwbl. Deillia hyn o gyfnod diwedd y rhyfel pan rannai T. Llew babell gyda chyd-filwr o Sais. Cafodd hwnnw ei alw adref ar fyr rybudd a chan nad oedd ganddo le yn ei fag i'w set wyddbwyll fe'i rhoddodd yn anrheg i'w gyd-wersyllwr. Pan ddaeth hi'n adeg i T. Llew ei hunan ddychwelyd adref, aeth â'r set gydag ef. Ond er iddi fagu llwch yn yr atig am rai blynyddoedd, nid anghofiodd amdani ac yng nghyflawnder yr amser prynodd lyfr o'r enw *The Right Way to Play Chess* gan D. Brine Pritchard gan fynd ati yng nghwmni ei fab Iolo i ddysgu rheolau'r gêm a'r ffordd i'w chwarae yn iawn. Rhyw dair ar ddeg oed oedd Iolo ar y pryd a bu'n pori cymaint yn y gyfrol honno nes bod darnau helaeth ohoni yn dal yn fyw ar ei gof.

Cymerodd Iolo at y gêm yn ifanc ac wedi bwrw'i brentisiaeth yn lleol datblygodd i fod yn un o chwaraewyr gorau Cymru. Cynrychiolodd ei wlad mewn pedwar Olympiad ar ddeg yn ddi-dor rhwng 1972 ac 1988. Ond dewisodd ymddeol o'r gornestau rhyngwladol pan ddirywiodd iechyd ei fam. Ni fu modd iddo ddychwelyd i'r lefel uchaf ar ôl ei cholli gan fod ei dad erbyn hynny yn fwyfwy dibynnol arno. Bellach mae'n dechrau ailgydio yn y gamp a bu, yn ystod 2010, yn Dresden yn gapten a chwaraewr Bwrdd Un i dîm dros drigain oed Cymru ym Mhencampwriaeth Gwledydd Ewrop. Galwyd ef yn ôl hefyd i'r tîm cenedlaethol llawn a chynrychiolodd Gymru unwaith eto, a hynny am y pymthegfed tro, yn yr Olympiad allan yn Siberia. Ef oedd yr aelod mwyaf llwyddiannus o'r tîm a chanddo gyfartaledd o hanner cant y cant o'r pwyntiau posib gydol y gystadleuaeth.

Ni roddwyd y sylw dyledus gan y cyfryngau Cymreig na Chymraeg i gampau Iolo; gêm o ddiddordeb ymylol yw gwyddbwyll iddynt ac o'r herwydd, ni chafodd y genedl gyfle i werthfawrogi doniau'r pencampwr gwylaidd. Gellir cyfrif y Fedal Aur a enillodd yn Olympiad 1990 yn Novi Sad, yn yr hen Iwgoslafia, fel un o'i orchestion pennaf a dim ond un Cymro arall sydd wedi cyflawni camp gyffelyb o'r blaen. Rhoddir y Fedal Aur i'r cystadleuydd sy'n ennill y nifer fwyaf o bwyntiau ar bob lefel bwrdd. Medrai Iolo ddal ei dir yn gyson yn erbyn prif feistri'r gêm a'u curo hefyd ar adegau. Erys y gêm gyfartal a gafodd yn erbyn Lajos Portisch o Hwngari, a oedd ar y pryd yn cael ei ystyried fel y pumed chwaraewr gorau yn y byd, ymhlith ei berfformiadau mwyaf cofiadwy. Ar achlysuron eraill curodd Feistri fel George Botterill a chafodd gêm gyfartal yn erbyn Tony Miles, un o Brif Feistri Lloegr. Ar ben hynny, yr oedd Iolo yn bencampwr unigol Cymru yn 1982 a bu'n aelod o dîm Aberteifi a enillodd Gwpan Sialens Cymru ar sawl achlysur. Bu dilyn gyrfa wyddbwyll Iolo yn fodd i fyw i T. Llew. Câi bleser wrth ailchwarae'r gemau mawr gyda'i fab yn Nôl Nant ac yr oedd yn destun balchder iddo mai ef, a D. Brine Pritchard, a'i rhoes ar ben ffordd. Yr oedd y ffaith mai ef a'i dysgodd yn gysur mawr iddo pan fyddai Iolo yn ei guro'n rhacs mewn ambell gêm gystadleuol yn Aberteifi.

Yr oedd T. Llew yng nghanol ei ddeugeiniau cyn dechrau chwarae gwyddbwyll o ddifrif ac mae'r Tad Cunnane yn credu y gallai fod wedi cyrraedd yr un safon â'i fab pe byddai wedi cael y cyfle i chwarae'r gêm yn ei flynyddoedd cynnar. Ond er iddo gychwyn yn hwyr, datblygodd i fod yn chwaraewr clwb anodd ei guro a gallai gystadlu'n gysurus ar lefel ranbarthol. Cafodd yntau hefyd ei lwyddiannau. Tua diwedd y chwedegau enillodd Bencampwriaeth Canolbarth Cymru i chwaraewyr unigol. Un arall o'i orchestion oedd cipio tlws y gystadleuaeth chwarae trwy'r post a drefnwyd dros Gymru gyfan. Ymhell cyn dyddiau'r dulliau electronig o gyfathrebu, byddai wrth ei fodd yn chwarae o bell. Byddai hyn yn rhoi digon o amser iddo gysgu ar ei symudiadau a gallai rhai o'r gemau hyn, yn enwedig yn erbyn gwrthwynebwyr o Ddwyrain Ewrop neu Dde Amerig, gymryd rhyw ddwy neu dair blynedd i'w cwblhau. Cafodd y fraint hefyd o gynrychioli ei wlad mewn gemau cyfeillgar a bu fel Iolo yn rhan bwysig o fuddugoliaethau cynnar Clwb Aberteifi yng nghynghreiriau'r Canolbarth a Dyfed ac yng Nghwpan Cymru. Bu Cwpan y Canolbarth ym meddiant Clwb Aberteifi am o leiaf chwe blynedd yn ystod y saithdegau ac yn 1981 curwyd Pont-y-pŵl i ennill Pencampwriaeth Cymru am y tro cyntaf cyn ailadrodd y gamp yn 1985.

Ond er cystal gwyddbwyllwr oedd T. Llew ar y bwrdd, fe'i cofir yn bennaf am y cyfraniad aruthrol a wnaeth y tu hwnt i'r byrddau chwarae. Pan ddechreuodd ymddiddori yn y gêm nid oedd gan Gymru dîm cenedlaethol nac unrhyw lais annibynnol ar y Bwrdd Rheoli. Yr oedd Cymru, yn wahanol i'r Alban ac Iwerddon, yn hollol glwm wrth Loegr. Nid oedd hyn yn dderbyniol i Gymro twymgalon fel T. Llew ac aeth ati i fynnu chwarae teg i'w genedl. Yn null T. Ll. Stephens bu'n canfasio'n daer am gefnogaeth ac yna mewn pwyllgor tanllyd yn 1972 cynigiodd ei gyfaill mawr Tom Weston, y deintydd o Aberhonddu, fod Cymru yn torri'n rhydd o Undeb Gwyddbwyll Lloegr. Eiliwyd ef gan T. Llew. Yn y ddadl a ddilynodd mynnai swyddogion yr Undeb mai gwallgofrwydd llwyr fyddai hyn ac fe'u cefnogwyd gan nifer o Gymry gwasaidd, o ardal Caerdydd yn enwedig. Fel y nododd T. Llew yn ei ddyddiadur ar yr ail o Fawrth 1979 yn dilyn canlyniad y Refferendwm, 'Hen wlanen o genedl yw'r un y perthynaf iddi'. Ond yr oedd y ddau rebel yn 1972 wedi gwneud eu gwaith cartref a pharatoi'r ffordd. Enillwyd y bleidlais ac, o ganlyniad, cafodd Cymru eistedd yn ei phriod le o gylch y bwrdd gwyddbwyll gyda chenhedloedd eraill y byd.

Wedi ennill y frwydr am annibyniaeth rhaid oedd mynd ati i brofi i'r llu Tomosiaid o fewn y rhengoedd fod Cymru yn deilwng o'i lle ac yn abl i ddal ei thir ar y lefel ryngwladol. Rhaid oedd mentro i'r dwfn ac yn 1972 hedfanodd T. Llew i Iwgoslafia i gefnogi aelodau'r tîm ifanc a dibrofiad a gynrychiolai Gymru, ar eu cost eu hunain, yn yr Olympiad yn Skopje. Yr oedd Iolo yn aelod o'r tîm hwnnw a chafodd ganlyniadau anrhydeddus iawn gan ennill pump a dod yn gyfartal mewn wyth arall o'r deunaw gêm a chwaraeodd. Synnwyd nifer gan chwarae aeddfed tîm Cymru a oedd, erbyn yr Olympiad nesaf yn Nice yn 1974, wedi ennill ei le yn yr Adran Uchaf. Y tro hwn T. Llew oedd y rheolwr swyddogol a Iolo yn chwarae ar Fwrdd 3. Gallai'r rheolwr ymfalchïo bod Cymru wedi gorffen yr Olympiad hwnnw yn yr unfed safle ar bymtheg ymysg holl genhedloedd y byd, ei safle gorau erioed ac un a fydd yn anodd ei guro. Yr oedd T. Llew wedi gosod sylfaen gadarn ar gyfer y dyfodol. Fel canlyniad i'w waith caled, ei frwdfrydedd a'i ysbryd penderfynol gwireddwyd ei ffydd yn chwaraewyr ifanc Cymru a thawelwyd pob gwrthryfel.

Yr oedd myfyriwr o Bont-y-clun ym Morgannwg, A. Howard Williams, yn un o'r criw ifanc a aeth allan i Skopje i chwarae yn Olympiad cyntaf Cymru. Gwnaeth ei farc a bu'n bresenoldeb allweddol yn y tîm cenedlaethol tan iddo benderfynu rhoi'r gorau i chwarae ar y lefel uchaf tua chanol y nawdegau. Gosododd ei stamp ar y gêm gan ennill Pencampwriaeth Unigol Cymru ar ddau achlysur ar bymtheg rhwng 1968 ac 1994. Mae ganddo atgofion annwyl iawn am T. Llew fel rheolwr cenedlaethol yn Nice ac am ffraethineb ei areithiau swyddogol ac answyddogol. Er

T. Llew Jones a'i briod, Marged

Iolo'r mab yn chwarae dros Gymru yn yr Olympiad yn Siberia

Meg, chwaer T. Llew, gyda'i phlant; o'r cefn: David, Anne a John

Edwin, ei wraig Beryl, a'u plant, Berwin, Meinir ac Euros

Edwin a Beryl gyda'u hwyrion; o'r chwith: Owen, Gregory, Daniel, Huw, Alex, Katie a Rhys

Guto, ŵyr T. Llew a mab Emyr Llywelyn, gyda'i wraig, Catrin, a'r plant, Mari a Dafydd

Owen, ŵyr T. Llew a mab Emyr Llywelyn, a'i gymar, Dwynwen

Emyr Llywelyn, y mab hynaf, gyda'i wyrion yntau, gorwyrion T. Llew. O'r chwith, rhes ganol: Gwenno, Rhian, ac yn y cefn, Iwan (plant Nia); ar y dde, Mari ac yn y blaen Dafydd (plant Guto)

Cael hwyl gyda'i orwyrion Rhian, Dafydd a Mari; mae Iolo yn y cefndir

Alun Cilie, Waldo, Bobi Jones a T. Llew yn nosbarth Waldo yn Nhalgarreg

Nia, yr wyres, merch Emyr Llywelyn

nad oedd Cymraeg gan Howard ar y pryd fe wyddai am ddoniau awenyddol y rheolwr ac am ei ddwy Gadair Genedlaethol. Ond byddai T. Llew bob amser yn cadw'r gwyddbwyll ar wahân i ddiddordebau eraill ei fywyd ac ni fu'r un sgwrs rhyngddo a Howard am farddoniaeth ar y teithiau hynny. Yn yr un modd, yr oedd yna ddealltwriaeth anysgrifenedig rhyngddo a'r Tad Cunnane i osgoi unrhyw drafodaethau diwinyddol ar dripiau gwyddbwyll. Yr oedd y gêm yn ddihangfa lwyr iddo a byddai wrth ei fodd yn mynd i dwrnameintiau gyda Iolo a chael chwarae a siarad gwyddbwyll am benwythnosau cyfan yng nghwmni eneidiau hoff cytûn.

Ar ôl gyrfa yn rhengoedd uchaf y Gwasanaeth Sifil yn Llundain ymddeolodd Howard Williams gan droi ei gamau tua'r gorllewin. Yn 2001 symudodd i fyw i lannau nant Arberth, Llechryd, ger Aberteifi, gan ymuno â chlwb gwyddbwyll y dref a thrwy hynny atgyfnerthu ei gyfeillgarwch â T. Llew. Mynnodd ddysgu'r iaith o ddifrif ac ar ôl iddo groesi'r bont aeth ati i ddysgu iaith arall, sef y gynghanedd. Addysgu ei hunan a wnâi Howard trwy ddilyn llawlyfr J.J. Evans, Tyddewi, ond pan glywodd T. Llew am hyn aeth ati i'w gynorthwyo. Ar ôl pob noson wyddbwyll byddai'n rhoi tasgau cynganeddol i Howard i'w cwblhau erbyn yr wythnos ganlynol. Mae'n debygol felly mai Howard oedd disgybl barddol olaf T. Llew a byddai'r athro yn hawlio mai ef oedd un o'r galluocaf hefyd.

Mae T. Llew yn sicr yn ffigwr o bwys yn natblygiad a hanes gwyddbwyll yng Nghymru. Eisteddai ar nifer o bwyllgorau cenedlaethol ac ef, yn anad neb, a fynnodd fod gwyddbwyllwyr Cymru yn sefyll ar eu traed i wynebu'r byd yn hyderus. Ac yn dilyn ei lwyddiant gyda'r dynion yn Nice yn 1974 cafodd yr anrhydedd o fod yn rheolwr ar dîm merched Cymru yn

Olympiad Haifa ddwy flynedd yn ddiweddarach, y tro cyntaf iddynt gystadlu ar y lefel honno.

Ef, gyda Iolo, a fu'n gyfrifol am gychwyn y cylchgrawn *Y Ddraig* yn 1971, flwyddyn ar ôl gadael Undeb Gwyddbwyll Lloegr. 'Cylchgrawn Gwyddbwyll Canolbarth Cymru' oedd is-deitl y rhifyn cyntaf ond erbyn y trydydd rhifyn yr oedd wedi datblygu yn llais i'r genedl gyfan. Rhwng 1971 ac 1977 bu ef a Iolo yn gyfrifol am ddau rifyn ar bymtheg cynta'r cylchgrawn cyn iddynt drosglwyddo'r olygyddiaeth i ofal Howard Williams. Yn ystod eu cyfnod hwy gwelsant y cylchrediad yn chwyddo o ddwsin neu ddau hyd at bron i chwe chant.

Teipiwyd y rhifynnau cynharaf gan T. Llew ei hunan â dau fys. Dylid nodi hefyd nad oedd yn deipio hawdd gan fod angen cryn fanylder a gofal wrth gofnodi gwahanol ornestau. Yna aed ati i'w dyblygu a'u rhwymo ar beiriant Gestetner y Tad Cunnane cyn trefnu iddynt gael eu dosbarthu i'r darllenwyr. Llafur cariad oedd hyn i gyd ac nid oes amheuaeth nad oedd T. Llew, ar ben hynny, yn talu am gyfran helaeth o'r costau cynhyrchu o'i boced ei hunan.

Erbyn diwedd yr olygyddiaeth yr oedd diwyg *Y Ddraig* yn llawer mwy proffesiynol. Manteisiodd ar ei gysylltiadau personol gyda John Lewis o Wasg Gomer a chyda'i ddawn fargeinio chwedlonol nid oes amheuaeth na chafodd bris isel ganddo i gyhoeddi'r cylchgrawn. Byddai'r un mor ofalus gydag arian yr Undeb ag y byddai gyda'i arian ei hunan.

Yr oedd Undeb Gwyddbwyll Cymru ar y pryd yn gysyniad dieithr i lawer, a chwaraeodd *Y Ddraig* ran allweddol yn y broses o feithrin ymdeimlad o berthyn a theyrngarwch ymhlith yr aelodau i'r corff gweinyddol cenedlaethol newydd hwn. Yr oedd yna gyffro yn yr awyr ac adlewyrchir hyn o fewn y tudalennau.

Hwn oedd Wisden y gwyddbwyllwyr Cymreig a chaent ynddo erthyglau diddorol, cofnod o gemau lleol a chenedlaethol, manylion defnyddiol fel graddfeydd y prif chwaraewyr ynghyd â cholofn lythyrau fywiog.

Fel arfer, ceid colofn olygyddol, a honno yn y Gymraeg yn gyntaf ac yna yn y Saesneg. Nodwyd hefyd y byddai croeso mawr i gyfraniadau Cymraeg yn y cylchgrawn. Yn yr erthygl flaen byddai'n fynych yn ymladd cornel Cymru. Er enghraifft, yn 1971 tynnodd sylw at y ffaith fod undebau Lloegr a'r Alban yn derbyn cymhorthdal sylweddol oddi wrth y Llywodraeth yn Llundain er mwyn anfon timau i chwarae mewn gornestau tramor tra oedd Undeb Gwyddbwyll Cymru yn cael ei hanwybyddu'n llwyr. Teimlai fod yn rhaid ymladd yr annhegwch hwn ac anogodd y darllenwyr i godi'r mater gyda'u Haelodau Seneddol.

Buddsoddodd T. Llew gryn dipyn o arian ac amser yn *Y Ddraig* ac mae i'r cylchgrawn le unigryw yn hanes llyfryddol y genedl. Mae'n drueni felly nad oes un rhifyn o gyfnod T. Llew ar gael yn y Llyfrgell Genedlaethol. Tebyg iawn nad anfonwyd yr un copi hawlfraint ar y pryd i Aberystwyth rhag afradu arian prin yr Undeb, ond byddai'n braf pe bai modd gwneud iawn am y cam fel bod copïau ar gael ar gyfer ymchwilwyr y dyfodol.

Yn ddiweddarach aeth ati, ar y cyd â Iolo, i gyhoeddi cyfrol o'r enw *A Chwaraei di Wyddbwyll?* yn y gobaith o gymell rhagor o Gymry Cymraeg i ymddiddori yn y gêm. Hwn yw'r llyfr cyntaf yn yr iaith i ymwneud â gwyddbwyll ac fe werthwyd y cwbl o'r saith cant a hanner o gopïau a gynhyrchwyd gan Gomer, gwerthiant rhyfeddol i gyfrol gyfyng ei hapêl yn y Gymraeg. Yn y llyfr hwn ceir hanes datblygiad y gêm ynghyd â chyfarwyddiadau manwl ar sut i'w chwarae. Ymdrinnir â'r gwahanol agoriadau, ynghyd â thactegau ar gyfer y gêm ac ar gyfer y diweddglo. Rhaid felly oedd bathu enwau Cymraeg ar gyfer y darnau, a phenderfynwyd galw'r 'pawns' yn werinwyr. Yr oedd geiriau fel castell, esgob a marchog yn cynnig eu hunain ar gyfer rhai o'r darnau eraill, ond yr oedd mwy o broblem gyda'r brenin a'r frenhines gan fod y ddau enw yn eu ffurf gysefin yn dechrau gyda'r llythyren 'b' a byddai hynny yn achosi problemau wrth gofnodi'r symudiadau ar bapur. Felly penderfynwyd defnyddio'r hen enw Cymraeg 'teyrn' am y Brenin, sy'n ddewis addas iawn o gofio cysylltiadau canoloesol y gêm. Erbyn hyn mae'r derminoleg newydd yn llifo'n naturiol oddi ar y tafod, yn union fel y termau rygbi a fathwyd gan Eic Davies rai blynyddoedd ynghynt.

Erbyn heddiw mae gwefan arbennig ar gyfer gwyddbwyllwyr Cymraeg eu hiaith, sef www.gwyddbwyll.com ac yr oedd yna 452 o chwaraewyr wedi eu cofrestru a thros ddeng mil o gemau wedi'u chwarae ar y safwe wrth i'r llyfr hwn fynd i'r wasg. Ymhlith ei phrif gystadlaethau mae Twrnamaint Coffa T. Llew Jones, teyrnged deilwng iawn i ŵr a wnaeth gymaint dros wyddbwyllwyr Cymru.

Er nad oedd T. Llew yn ymhél â'r dechnoleg newydd yr oedd yn falch iawn o'r wefan hon a sefydlwyd gan ei ŵyr, Owen Llywelyn. Erbyn hyn mae'r bedwaredd genhedlaeth yn dangos ei doniau. Bachgen ysgol o Fro Ddyfi, Iwan Griffiths, yw un o sêr mwyaf y wefan ac mae ef yn fab i Nia, wyres T. Llew. Yn ogystal, mae www.gwyddbwyll.com yn cystadlu fel tîm yng nghynghrair Dyfed. Emyr Llywelyn yw'r capten ac mae'r garfan yn cynnwys ei feibion, Owen a Guto, a'i ŵyr, Iwan. Byddai felly yn bosib iddo faesu tîm cyfan o deulu'r Felin a hynny heb gynnwys ei frawd, Iolo.

Gan inni eisoes drafod arwyddocâd T. Llew yn natblygiad gwyddbwyll ar raddfa genedlaethol, mae'n bwysig cofio bod ei gyfraniad ar lawr gwlad yr un mor allweddol. Ef oedd un o sylfaenwyr clwb gwyddbwyll llwyddiannus Aberteifi. Clwb Llandysul oedd yr enw cychwynnol gan mai'r pentref hwnnw oedd cyfeiriad post cartref T. Llew yng Nghoed-y-bryn. Ond, fel y nodwyd gan y Tad Cunnane, ni chyfarfu'r clwb erioed yn Llandysul ei hunan. Tŷ'r Ysgol, Coed-y-bryn, oedd y ganolfan bwysig a phan benderfynwyd mentro i'r dwfn a chystadlu yng Nghynghrair Canolbarth Cymru chwaraewyd nifer o'r gemau yn erbyn timoedd o bell, megis y Drenewydd a'r Trallwng, ar y ffôn o aelwyd T. Llew er mwyn arbed costau teithio. Yr oedd hyn cyn dyddiau'r deialu uniongyrchol a byddai'n rhaid trefnu ymlaen llaw gyda'r ferch yn y gyfnewidfa i gadw'r llinell ar agor tra parai'r ornest.

Aeth clwb newydd Aberteifi o nerth i nerth gan ei sefydlu ei hun fel un o glybiau cryfa'r rhanbarth. Erbyn hyn yr oedd wedi cartrefu yn y dref, yn yr hen eglwys Gatholig i ddechrau ac ar ôl hynny yn y Clwb Bowls a'r Llew Du. T. Llew oedd capten ac ysgrifennydd y clwb o'r cychwyn ac yn 1977 fe'i hanrhydeddwyd gydag aelodaeth oes fel arwydd o werthfawrogiad am ei gyfraniad amhrisiadwy. Yr oedd ei frwdfrydedd yn heintus a threfnai ei fywyd o amgylch dyddiadau'r nosweithiau ymarfer a'r gemau cystadleuol. Nid oes ond rhaid darllen ei ddyddiaduron i sylweddoli cymaint o amser a roddai i'r gêm a garai. Golygai hyn y byddai'n colli seiat wythnosol y beirdd yn y Pentre Arms o dro i dro. Ni fyddai hynny yn plesio Alun Cilie a'i sylw dilornus ar achlysuron felly fyddai, 'Ma Llew yn whare draffts rywle heno 'to.'

Fel cenhadwr dros y gêm yr oedd heb ei ail. Tua'r adeg hon datblygodd diddordeb cynyddol mewn gwyddbwyll ymhlith y bobl a darlledwyd rhaglen deledu wythnosol yn ymwneud â'r gamp. O weld gemau'n cael eu chwarae a'u dadansoddi ar y sgrin ymddiddorodd llawer yn y gêm, ac fe alwyd ar T. Llew i gynorthwyo gyda sefydlu clybiau megis Aberaeron a Llanbedr Pont Steffan. Yr oedd yn awyddus iawn hefyd, fel athro goleuedig, i fynd â'r gêm i'r ysgolion. Sefydlodd glwb i'r plant a'r rhieni yn ysgol Coed-y-bryn ac mae cofnod amdano yn 1971 yn prynu ar yr un pryd bedair set wyddbwyll ar hugain ar gyfer clybiau newydd.

Bu'n gohebu gydag Adran Addysg a Gwyddoniaeth y Llywodraeth a chyda'r Awdurdodau Lleol ynglŷn ag estyn rhywfaint o nawdd i'r gêm yn yr ysgolion, yn enwedig o gofio mor hael oedd llywodraethau Dwyrain Ewrop yn hyn o beth. Meddai, mewn erthygl flaen yn *Y Ddraig*:

'Gan fod gwyddbwyll yn gêm i ddisgyblu'r meddwl ac yn foddion i ddysgu rhesymu, fe ellir dweud ei bod yn gêm ac iddi werth addysgol.'

Gwyddai o brofiad fel y cymerai'r plant at y gêm ac meddai: 'Fe fydd gan y plant hynny hobi a diddordeb a fydd yn aros gyda hwy ar hyd eu hoes.'

Unwaith eto daw'r llinell 'Ei gwbl oedd addysg ei blant' i'r cof, ac ni ellir llai na theimlo bod yr athro canol oed yn gresynu na chafodd ef ei hunan ei gyflwyno i'r gêm pan oedd yn blentyn.

Ar ben hynny byddai ef a Iolo yn mynd yn rheolaidd ar benwythnosau i gystadlu'n agored mewn llefydd fel y Rhyl, Caerdydd ac Abertawe. Aeth ati hefyd i sefydlu pencampwriaeth fawr yn y gorllewin. Am chwe blynedd ar hugain o'r bron bu'n trefnu a chystadlu yn y twrnamaint a gynhelid yn flynyddol yng Ngwesty'r Cliff yng Ngwbert. Denwyd enwau mawr yno o Gymru a thu hwnt a bu'n llwyfan perffaith i ambell chwaraewr lleol i roi gwres eu traed i rai o feistri'r gêm. Erbyn hyn bu'n rhaid symud i Westy'r Bae yn Abergwaun ond mae'r twrnamaint yn dal yn ei anterth ac mae'r penwythnos yn ddigwyddiad o bwys yng nghalendr gwyddbwyllwyr Prydain.

Byddai hefyd yn trefnu gornestau llai, i ddechreuwyr yn bennaf, yng Ngwesty'r Emlyn, Tan-y-groes. Yn ogystal, fel rhyw Fendigeidfran cyfoes, arweiniodd sawl tîm ifanc o'r gorllewin dros y môr i Iwerddon i ymgiprys â rhai o glybiau glannau Llinon. A fo ben bid bont. Gorchwyl arall yr ymgymerodd ag ef oedd paratoi Blwyddlyfr yr Undeb ac, er bod hyn yn llafur a alwai am gryn dipyn o deipio dyrys, fe'i cyflawnodd am flynyddoedd, o gariad at y gêm. Nid oes ryfedd iddo gwyno'n achlysurol fod yr holl waith gweinyddol wedi cyfyngu'n sylweddol ar ei gyfle i ysgrifennu'n greadigol.

Ond ni phylodd ei ddiddordeb mewn gwyddbwyll. Mae'n wir y cwynai ar adegau, yn enwedig pe digwyddai golli, ei fod yn rhy hen bellach i gêm mor astrus. Eto daliai ati. Hyd yn oed ar ôl iddo gael ei gaethiwo i'w gartref, galwai Alun James, hen ffrind o ddyddiau cynnar clwb Aberteifi, heibio yn wythnosol am gêm o wyddbwyll.

Mewn gwirionedd adlewyrchir bywyd yn ei holl gymhlethdod gogoneddus ar y bwrdd gwyddbwyll. Nid yw dyn namyn darn a symudir o sgwâr i sgwâr cyn cyfarfod â'i dynged anochel yn ystod neu ar derfyn y chwarae. Fel gwyddbwyll, gêm yw bywyd ei hunan a chaiff rhai fel T. Llew'r fraint o fod yn rhan o'r chwarae tan y diwedd. Ac mae'n deg nodi ei fod ef wedi mwynhau a rhagori yn y ddwy gêm fel ei gilydd.

Lleuad yn olau

Dwedai henwr llwyd o'r gornel
'Gan fy nhad y clywais chwedel,
Gan ei dad y clywodd yntau,
Ac ar ei ôl fe gofiais innau'.

Â'r pennill telyn â ni'n ôl o gyfnod y gwres canolog a'r teledu i gwmnïaeth y storïwr ger tanllwyth o dân canol gaeaf, ac fe'n cludir ymhellach fyth drwy niwloedd amser yn ôl i diriogaeth hen dduwiau a duwiesau'r ddaear pan oedd bywyd beunyddiol yn dipyn nes at y pridd nag ydyw heddiw. Yr oedd yr hen chwedlau yn dal yn fyw ar aelwydydd Iet Wen a Bwlchmelyn ac etifeddodd T. Llew yn helaeth o gyfoeth llên gwerin ei fam a'i fam-gu. Fe'u clywodd ac fe'u cofiodd ac aeth ati i'w trosglwyddo i genhedlaeth arall o'i bobl mewn nifer o erthyglau a chyfrolau difyr a dysgedig. Cafodd fodd i fyw wrth olrhain tarddiad rhai o'r hen arferion sydd wedi parhau ymhell ar ôl i'w harwyddocâd a'u hystyr fynd yn angof, a byddai'n cyfaddef, ynghyd â'r gwyddbwyll, mai chwilota mewn chwedloniaeth oedd ei ddifyrrwch pennaf wrth iddo heneiddio.

Dywed yn ei hunangofiant y buasai, pe na bai'n athro, wedi hoffi bod yn archaeolegydd. Nid yw hyn yn rhyfedd gan iddo ddod o hyd i garreg ogam ac yntau ond yn ddeunaw oed. Yr oedd ar y pryd wedi gwirfoddoli diwrnod o waith er mwyn torri ffos fel y gellid gosod pibau dan ddaear i ddod â dŵr i ysgol Capel Mair. Yr oedd John Jones, Banc-y-ffordd, yr hanesydd lleol, yn cloddio rhyw ddecllath i ffwrdd oddi wrtho pan drawodd caib T. Llew garreg fawr. Wedi ymdrech galed llwyddwyd i'w chodi ac o weld ysgrifen yn yr wyddor Wyddeleg arni sylweddolodd y ddau eu bod wedi dod o hyd i'r garreg ogam a gollwyd ers canrif a mwy. Gwyddai ysgolheigion am ei bodolaeth a bu Syr John Rhys yn chwilio'n ofer amdani. Y gred gyffredinol yn yr ardal erbyn hynny oedd iddi gael ei defnyddio wrth adeiladu tai allan fferm Dancapel. Yr oedd ailddarganfod y garreg fedd hon i'r Gwyddel Deca Barbalom yn dipyn o ddigwyddiad gan fod y garreg wedi ei dyddio'n ôl i'r bumed ganrif. Ffoniwyd y perchennog tir, Cyrnol Lewes, Llysnewydd, a chysylltodd ef â'r *Western Mail* yn llawn brwdfrydedd. Anfonwyd gohebydd tua'r gorllewin a bu hwnnw'n holi T. Llew am yr hanes gan nodi ei enw ac ati. Ond mawr fu siom yr archaeolegydd ifanc y bore canlynol. Ni chafodd y stori fawr o sylw, dim ond rhyw bum llinell yng nghanol y papur. Yn hyn o beth nid oes fawr wedi newid mor bell ag y mae'n papur cenedlaethol honedig yn y cwestiwn. A chlwyfwyd T. Llew gan frawddeg olaf yr adroddiad cwta sef, 'The stone was discovered by a workman'. Bu'n rhaid iddo aros ychydig yn hwy cyn ennill anfarwoldeb yn y *Western Mail*.

Yn y cyfamser bu'n dilyn ei ddiddordeb mewn llên gwerin drwy gasglu deunydd o'r newydd i ychwanegu at yr hyn a glywodd ar yr aelwyd. Un o'i ffynonellau pennaf oedd Kate Davies o Bren-gwyn, perthynas agos i'r bardd Sarnicol, a bu T. Llew yn cydweithio â hi wrth baratoi cyfrol i ddathlu canmlwyddiant ysgol Tre-groes. Yr oedd yn wraig ddiwylliedig a feddai ar stôr o straeon a chyhoeddwyd ei hatgofion mewn cyfrol o'r enw *Hafau fy Mhlentyndod*. Drwy holi ac ymchwilio datblygodd T. Llew yn gryn awdurdod ar rai o'r hen arferion caru sy'n dal yn rhan o draddodiad priodasau ein dyddiau ni. Bu'n darlithio tipyn arnynt a gellir olrhain nifer ohonynt yn ôl i ddau begwn y flwyddyn Geltaidd, sef Calan Mai a Chalan Gaeaf, pryd y byddai'r merched ifainc yn dechrau meddwl o ddifrif am ddod o hyd i gymar bywyd. Defodau i hybu ffrwythlondeb er parhad yr hil oedd nifer ohonynt a dangosodd fod i wrthrychau fel y sgubell a'r gwinten ran bwysig yn y broses. Yr oeddent yn ganolog i seremonïau'r Fedwen Fai ac yr oedd ysgol a adawyd y tu allan i ddrws y cartref yn arwydd fod yna ferch y tu fewn yn chwilio am gymar. Heddiw nid yw'r gwinten yn ddim ond cyfle i lanciau ifanc ennill rhyw swllt drwy ei dal yn groes i'r lôn er mwyn rhwystro'r pâr ifanc rhag cyrraedd man yr ordinhad. Gellir, drwy dalu, osgoi camu drosti. Ond llwyddodd T. Llew i olrhain yr arfer yn ôl i'r Pedair Cainc lle mae Math fab Mathonwy yn gofyn i Arianrhod gamu dros wialen hud y brenin er mwyn profi ei gwyryfdod. Yr oedd gan T. Llew'r ddawn i weld y darlun yn ei gyfanrwydd gan gyfuno ddoe a heddiw yn ei ddeongliadau.

Ymddiddorodd yn hen feddyginiaethau'r llysiau llesol. Dioddefodd yn ddrwg iawn unwaith o'r clefyd melyn oherwydd iddo fwyta berwr y dŵr a dyfai'n wyllt yn y caeau. O ganlyniad llyncodd yn ddiarwybod rai o wyau'r pryfyn sy'n achosi ffliwc mewn defaid ac effeithiodd hynny ar ei iau. Dihoenodd yn frawychus o sydyn ac fe'i hanfonwyd i Ysbyty'r Royal Free yn Llundain lle cafodd ei archwilio gan yr arbenigwr pennaf ar y clefyd. Bu yno am ddeng niwrnod ond methiant fu pob ymgais i ddod o hyd i'r drwg ac anfonwyd y claf, heb fod gronyn gwell, adref i farw.

Erbyn hyn yr oedd wedi clywed fod hen lysieuwr yn Rhydcymerau a oedd yn medru trin y clefyd ac aethpwyd i'w weld ar fyrder. Ni chafwyd fawr o groeso ganddo; ni ddymunai'r iachawr gael ei boeni bellach gan ei fod yn rhy hen a'i olygon yn rhy wael i chwilio'r llysieuyn a fedrai wella'r aflwydd. Ond wrth i T. Llew ymadael a diolch am ddim byd fe'i galwyd yn ôl a rhoddodd yr henwr gyfeiriad ei ferch iddo gan ychwanegu bod y gyfrinach bellach yn ei meddiant hithau hefyd. Aed i'w gweld a chael, ar y cychwyn, yr un croeso swrth ag a gafwyd gan ei thad, ond ar ôl cryn dipyn o berswâd cytunodd yn y diwedd i baratoi'r meddyginiaethau.

Ymhen deuddydd cafwyd dwy botelaid fawr o'r trwyth a bu'r claf yn yfed llond gwydr gwin o hwnnw ddwywaith y dydd yn ôl y cyfarwyddyd. Ymhen wythnos, ac yntau erbyn hyn yn gwella'n rhyfeddol, cafodd alwad i ddychwelyd i'r Royal Free gan ei bod bellach, fel canlyniad i'r arbrofion, wedi darganfod ac adnabod y pryfyn ac yn barod i weithredu. Pan ddychwelodd T. Llew i Lundain bu'r gwelliant amlwg yn ei gyflwr a'i liw yn gryn sioc i'r arbenigwraig gan ei bod eisoes wedi penderfynu bod y claf yn dioddef o gancr terfynol ar yr iau. Ni soniodd T. Llew ddim wrthi am yr hylif llysieuol a lyncodd ac aeth ati i ddioddef y driniaeth boenus o chwistrelliadau dyddiol a baratowyd ar ei gyfer gan yr ysbyty. Ciliodd y clefyd melyn ond, er na allai brofi hynny i sicrwydd, teimlai T. Llew mai arbenigedd y llysieuwr o Rydcymerau yn hytrach na chyffuriau'r meddyg yn Llundain a gyflawnodd y wyrth.

Dylid nodi hefyd iddo yntau fod yn llygad-dyst i wyrth gyffelyb yn ystod ei gyfnod fel prifathro Tre-groes. Bu damwain ar yr iard chwarae pan syrthiodd darn miniog o lechen o'r to a tharo un o'r plant ar ei dalcen. Yr oedd y clwyf yn gwaedu'n ddrwg ac, er pob ymgeledd, ni allai'r prifathro na'i gyd-athrawes atal y llif. Yr oedd y sefyllfa erbyn hyn yn destun gofid ond daeth y gogyddes, Mrs Henson, i'r adwy. Dringodd i ben cadair gan dynnu llond dwrn o we pry cop o'r trawstiau uwchben. Yna rhoddodd y nyth corynnod ar y clwyf a cheulodd y gwaed yn syth. Yr oedd y prifathro'n sicr fod hen feddyginiaeth werin Mrs Henson wedi arbed bywyd y bachgen bach y diwrnod hwnnw.

Yr adeg honno ni fyddai pobl yn rhedeg at y meddyg oni bai ei bod yn rhaid caled arnynt. Yr oedd meddygon yn ddrud, arian yn brin a'r ystafell aros ymhell yn oes ddi-ffôn y cert a'r ceffyl. Dibynnent lawer mwy ar hen feddyginiaethau gwerin gwlad a drosglwyddwyd o genhedlaeth i genhedlaeth. Byddai'r hen bobl, fel mam Crwys, yn tyfu'r llysiau llesol yn eu gerddi; llysiau 'a berchid am eu lles yn fwy na'u llun' oeddent, megis y gamil i drin diffyg traul a nerfau drwg a'r milddail ar gyfer gwynegon. Tyfwyd wermwd lwyd a'r meryw hefyd mewn llawer border bach ar hyd y wlad. Eto planhigion gwyllt oedd y mwyafrif ohonynt a bodolai'r adeg honno rai pobl ddysgedig a'u hadnabyddai ac a feddai ar y ddawn a'r wybodaeth i'w defnyddio i baratoi eli neu foddion i wella afiechydon. Ond wrth i feddyginiaethau ddatblygu collwyd arbenigedd yr iachawyr lleol a diau i nifer ohonynt fynd â'u cyfrinachau gyda hwy i'r bedd.

Yr oedd nifer o'r coelion hyn yn amrywio o ardal i ardal. Unwaith, pan gafodd T. Llew ddafadennau ar ei law, tywalltodd ei fam ddŵr arnynt allan o dwba lle bu'r gof yn oeri'r haearn. Dro arall sudd dail ceiniog a ddefnyddiwyd fel meddyginiaeth. Ac yn rhyfedd iawn yr oedd y ddwy wahanol ffurf ar driniaeth yn effeithiol. Yr oedd gan drigolion Pentre-cwrt ddull unigryw hefyd o wella plentyn o'r pas. Yr arfer oedd ei arwain drwy dwnnel y rheilffordd yng Nghwm Alltcafan yn union ar ôl i drên fynd drwyddo. Byddai'r cyfuniad o'r mwg a'r swlffwr yn saff o wella'r peswch.

Rhaid nodi iddo gyhoeddi ar y cyd â Dafydd Wyn Jones, Aberteifi, gyfrol am feddyginiaeth leol a oedd yn medru gwella achosion o'r cancr. Teitl y gyfrol oedd *Cyfrinach Wncwl Daniel* a chyhoeddwyd fersiwn Saesneg ohoni, *Cancer Curers – or Quacks*, yn 1993.

Cafodd bleser di-ben-draw yn pori yn nyddiaduron Evan Humphries, gwehydd ifanc o Bont-siân. Roedd y gwehydd yn ei amser sbâr yn dipyn o ysgolhaig ym myd llysieueg. Darllenai'n helaeth am y pwnc, tyfai lawer o'r llysiau rhinweddol yng ngardd ei fwthyn a byddai pobl yn mynd ato am feddyginiaeth. Yn anffodus, yr oedd ei iechyd yn fregus a bu farw o'r ddarfodedigaeth yn ŵr ifanc chwech ar hugain oed yn 1872. Cafodd T. Llew fenthyg ei ddau ddyddiadur olaf, am y blynyddoedd 1870 ac 1871, ac yn ffodus copïodd yn helaeth ohonynt cyn eu dychwelyd cans erbyn hyn, gwaetha'r modd, mae'r dyddiaduron gwerthfawr ar goll. Os dônt i glawr rywbryd eto, fel y gwnaeth carreg ogam Pentre-cwrt, dylid eu trosglwyddo i ofal y Llyfrgell Genedlaethol yn ddiymdroi.

Tybed a fu dyddiaduron Evan Humphries yn batrwm i T. Llew wrth iddo yntau fynd ati i groniclo'i hynt o ddydd i ddydd. Bu'n cadw dyddiadur yn ddi-dor rhwng 1959 ac 1994 o leiaf a gellir eu gweld yn y Llyfrgell Genedlaethol. Ar lawer ystyr mae'r tebygrwydd rhyngddynt yn drawiadol. Cawn, er enghraifft, wybodaeth fanwl gan y ddau am stad fregus eu hiechyd ac am y feddyginiaeth a gymerid ganddynt. Ac ar adegau ni ellir llai na synhwyro ofnau'r ddau mai'r flwyddyn honno fyddai eu holaf un ar y ddaear hon.

Daw'r gorgyffwrdd yn amlwg hefyd wrth i'r ddau drin eu materion ariannol. Yr oedd Evan Humphries yn ŵr trefnus a chadwai gyfrif manwl o bob dimai a wariai ef a'i deulu. Rhyw ddeugain punt oedd y gwariant blynyddol yn 1870 am fwyd, dillad, gwres ac ati tra oedd yr enillion tua hanner canpunt. Yn yr un modd cawn wybod i'r geiniog gan T. Llew faint a dalodd am bethau fel crys a thei, pryd o fwyd, llety a phetrol ynghyd â chyfanswm ariannol sieciau a dderbyniodd fel tâl oddi wrth y cyfryngau a sefydliadau eraill. Ar ben hynny maent yn gofnodion amhrisiadwy o gyfnodau a aeth heibio a gallai disgrifiadau manwl T. Llew o dywydd y diwrnod fod yn dystiolaeth fuddiol i feteorolegwyr y dyfodol wrth i'r blaned gynhesu. Yr oedd yn sylwi'n fanwl ar dreigl y tymhorau a'r byd o'i gwmpas.

Yn ddiamau aeth y ddau ohonynt ati i gadw dyddiaduron, nid yn unig er mwyn eu hunain, ond er mwyn i ymchwilwyr ryw ddydd a ddaw eu deall a'u hadnabod yn well. Dyna a fu profiad T. Llew wrth ddarllen dyddlyfrau Evan Humphries; dyna hefyd fu fy mhrofiad innau yn y Llyfrgell Genedlaethol wrth ddilyn hynt a helynt beunyddiol T. Llew. Mae'n dda fod cofnodion yr olaf ohonynt mewn cadwraeth ddiogel.

Yr oedd gan T. Llew ddiddordeb ysol ym mywyd cefn gwlad. Gwladwr y gorllewin ydoedd a chrisielir hynny yn yr englyn o'i eiddo sy'n croesawu ymddangosiad *Y Gambo*, papur bro godre Ceredigion yn 1982:

> Iddo'r dibwys sy'n bwysig, – nid ymhél
> Â'r byd mawr pellennig;
> I ddawn 'bro' rhydd hwn y brig,
> A'i glod i'r pethau gwledig.

Mae'n arwyddocaol taw dau o brif sylfaenwyr y papur oedd ei fab, Emyr, a Jon Meirion Jones, mab i'w frawd yng nghyfraith, y Capten Jac Alun. Da yw cyhoeddi bod *Y Gambo*, bron ddeng mlynedd ar hugain yn ddiweddarach, yn dal i gludo'r llwythi newyddion i'r ydlan.

Gwir dweud mai'r 'pethau gwledig' a âi â bryd T. Llew wrth iddo gyfrannu degau o ysgrifau i gylchgronau arbenigol megis *Llafar Gwlad* a *Carmarthenshire Life*. Lluniodd ysgrifau ar destunau amrywiol megis 'Yr Wylnos' a 'Gŵyl Awst' ac ar hen arferion sy'n dal yn fyw, fel casglu calennig, ac eraill sydd wedi hen farw, fel hela'r dryw. Ymddiddorai mewn hanes lleol ac mae ganddo erthygl swmpus ar hen deulu'r Llwydiaid, Plas Alltrodyn, ger Pont-siân, teulu a allai olrhain eu llinach yn ôl at dywysogion y Deheubarth. Diddorol yw sylwi fan hyn wrth basio bod sgweier lleol yn chwarae rhan yng nghynifer o nofelau T. Llew. Cofnododd atgofion hen grefftwyr megis Dan Davies, actor, adroddwr ac un o hen deilwriaid Rhydlewis. Yr oedd yr erthygl hon yn ffrwyth ymchwil a wnaeth ar gyfer un o'r nifer o eitemau a luniodd ar gyfer y rhaglen deledu nosweithiol *Heddiw* yng nghyfnod golygyddiaeth Nan Davies.

Fe'i swynwyd yn ogystal gan hen ymadroddion megis 'carreg a thwll' a byddai wrth ei fodd yn chwilio am esboniad. Ymhyfrydai yn ystwythder y Ddyfedeg a gwnâi bwynt o dro i dro o ddefnyddio rhai o'i hidiomau cyfoethog mewn print er mwyn eu rhoi ar gof a chadw. Ysgrifennodd am hen lofruddiaethau'r ardal megis yr un a rwygodd eglwys y Bedyddwyr ym Mlaenwaun, Llandudoch, yn 1805. Er bod hyn yn golygu cryn dipyn o waith ymchwil mewn llyfrgelloedd ac ati, byddai'r ditectif ynddo yn ei elfen wrth ddilyn y trywydd. Casglwyd nifer o'r erthyglau unigol hyn ynghyd ac fe'u cyhoeddwyd mewn cyfrolau o'i eiddo megis *Gormod o Raff* yn 1970, *Slawer Dydd* yn 1979 a *Hen Gof* yn 1996.

Un o nodweddion pennaf T. Llew fel ymchwilydd oedd ei wreiddioldeb. Meddai'r ddawn a'r hyder i edrych o'r newydd ar gonsensws yr oesau a'i herio. Enghraifft nodedig o hyn yw ei ddamcaniaeth mai Banc y Warin ym Mhenparc, ger Aberteifi, oedd lleoliad Gorsedd Arberth y Mabinogion. Ni all y teithwyr sydd yn dod ato o gyfeiriad sir Benfro lai na sylwi ar hynodrwydd y cnwcyn hwn uwchlaw dyffryn Teifi; mae o'r un siâp cymesur â hen byramidiau glo'r Gwithe. Yr hen enw arno oedd Crug Mawr ac yno yn 1136 yr ymladdwyd y frwydr fwyaf gwaedlyd a welwyd yng Ngheredigion, rhwng y Cymry a'r mewnfudwyr Normanaidd. Sylwodd Gerallt Gymro, ar ei daith drwy Gymru yn 1188, ar y codiad tir hwn gan groniclo bod yna elfennau o hud a lledrith yn perthyn iddo'r adeg honno.

    I gadarnhau ei ddadl noda T. Llew fod nant fechan o'r enw Arberth yn rhedeg o amgylch y banc cyn ymuno ag afon Teifi yn Llechryd. Ac onid yw enwau ein nentydd a'n hafonydd ymhlith geiriau hyna'r iaith? Ar ei glan tan yn ddiweddar 'mewn man dymunol' yr oedd plasty o'r enw Glan Arberth. Hwn felly fyddai llys Pwyll Pendefig Dyfed a cham bach fyddai iddo, ar ôl gwledda, gyrraedd yr orsedd lle y gwelodd Rhiannon am y tro cyntaf. Nid nepell chwaith fyddai Glyn Cuch lle'r âi Pwyll i hela. Ar y llaw arall byddai'n rhaid croesi'r Preseli i'w gyrraedd o'r Arberth arall. Nodir hefyd enwau ffermydd cyfagos megis Cwm March, Olmarch a Glan-olmarch ac mae lle i ddadlau mai 'march canwelw, mawr aruchel' Rhiannon a roes eu henwau iddynt.

    Mae yna gof hynafol yn dal i fodoli'n lleol fod modd gweld rhyfeddodau o ben y copa hwn. Mae'n bosib felly mai o ben Banc y Warin y gwelodd Pwyll y wraig 'a gwisg euraid, lathraid o sidan amdani' yn dyfod ar hyd y briffordd a gerddai heibio'r bryncyn. Heddiw mae ffordd dyrpeg yr A487 sy'n cysylltu de a gogledd ar hyd gorllewin Cymru yn dal i gerdded heibio'r fan ac mae'n werth cofio bod priffyrdd heddiw wedi eu seilio ar lwybrau ddoe.

    Ystyrier hefyd y dyfyniad canlynol allan o'r Pedair Cainc: 'Ni welwyd erioed wlad wedi ei diwyllio'n well na hi, na thir gwell na gwlad helaethach ei mêl a'i physgod.' Nid yw'r disgrifiad yn addas ar gyfer Arberth, sir Benfro, ond mae'n gweddu i'r dim i ddyffryn ffrwythlon Teifi. Atgoffir ni hefyd gan T. Llew fod llys gan Pryderi yn Rhuddlan Deifi, ychydig i fyny'r afon a bod y rhan hon o Geredigion yn perthyn ar y pryd i saith cantref Dyfed.

Mae'n ddamcaniaeth ddiddorol sy'n gwneud cryn dipyn o synnwyr, yn enwedig i drigolion godre Ceredigion, ac nid oes unrhyw awdurdod academaidd ar y Mabinogi, hyd y gwn, wedi rhuthro i brint i wrthbrofi'r ddadl. Nid oes ryfedd felly i T. Llew awgrymu wrth Gyngor Sir Ceredigion y dylid galw Banc y Warin yn Orsedd Arberth unwaith eto rhag cilio o'r hud a lledrith o'r rhan hon o Ddyfed.

Yn rhyfedd iawn, yr unig un i ddadlau yn erbyn y ddamcaniaeth hon oedd ei ffrind, y Tad Seamus Cunnane, gŵr hyddysg yn hanes a thraddodiadau ei fro fabwysiedig. Mynnai ef mai term daearyddol, yn hytrach nag enw priod, yw 'arberth' a'i fod yn enw gweddol gyffredin a chymharol ddiweddar i'r ardal. Nid oes sôn amdano ar fap o'r cylch a ddyddiwyd tua 1240, hynny yw, ymhell ar ôl cyfnod y Mabinogi. Mynnai hefyd fod Dyfed fel tiriogaeth yn gyfyngedig i'r hen sir Benfro ac mai go brin y byddai Pwyll yn byw y tu allan i ffiniau ei dywysogaeth. Er bod y galon yn cytuno â T. Llew, gwell efallai yw gadael y mater 'rhwng gwŷr Pentyrch a'i gilydd'.

Gwyddai hefyd mai un o'r cesig-dduwiesau oedd Rhiannon, gwraig Pwyll, a'i bod ar lawer ystyr yn un â'i cheffyl. Perthynai iddi'r un priodoleddau ag Epona, un o dduwiesau'r Celtiaid. Amlygir hyn wrth inni ystyried iddi ennill ras yn erbyn un o geffylau cyflymaf Pwyll a bod genedigaeth ei mab ynghlwm â genedigaeth ebol. Ac oni fu raid iddi gario pobl ar ei chefn i'r llys, fel caseg, pan gyhuddwyd hi o ladd ei phlentyn?

Awgryma T. Llew mai creadures o'r un anian oedd y forwyn a ddaeth, yn ôl y chwedl, allan o Lyn y Fan yn sir Gâr a phriodi mab fferm Blaen Sawdde, ger Llanddeusant. Nid morwyn mohoni mewn gwirionedd, ond un o'r 'kelpies', ac aelod o deulu'r tylwyth teg. Mae stori'r forwyn yn codi o'r dŵr i fyw ac i fagu plant fel aelod o'r hil ddynol yn gymharol gyffredin yn y chwedlau Celtaidd. Cysylltir storïau cyffelyb â Llyn Brycheiniog ac â Llyn Corwrion ger Llandygái yn y gogledd, a nodir gan Syr John Rhŷs yn ei gyfrol *Celtic Folklore* fod enghreifftiau ohoni yn Iwerddon a'r Alban hefyd. Gwnâi'r cesig-dŵr hyn wragedd ardderchog i'w gwŷr dynol. Cymerent falchder mewn cadw tŷ a deuent â llwyddiant materol i'r teulu. Yn ysgafndroed symudent mor gyflym â cheffyl rasio. Meddent ar y ddawn i iacháu pobl ac, yn ôl y gred, disgynyddion morwyn Llyn y Fan oedd meddygon enwog Myddfai. Ond yn ddieithriad dychwelyd i'r llyn a wnâi'r gwragedd unwaith y deuent, drwy ddamwain neu beidio, i gysylltiad â ffrwyn ceffyl.

Wrth i'r chwedl gael ei hadrodd a'i hailadrodd gan gyfarwyddiaid y canrifoedd newidiodd natur y stori ac aeth elfen y gaseg ynddi yn llai pwysig. Addaswyd storïau morwyn Llyn y Fan a Phwyll a Rhiannon i gyfateb i chwaeth yr oes. Awgrymir gan T. Llew fod hyn o bosib wedi digwydd yn gynnar yn y cyfnod Cristnogol gan fod y gaseg yn symbol mor bwerus o wylltineb paganaidd yr hen fyd. Er hynny, ni ddiflannodd yr elfennau gwreiddiol o'r storïau yn llwyr. Er enghraifft, er na sonnir am ffrwyn yn chwedl Llyn y Fan ar ei ffurf bresennol fe gadwyd, drwy'r holl newidiadau, un cyfeiriad at ddal ceffyl. Cyfeirir at y darn lle mae'r gŵr yn gofyn i'w wraig fynd i'r cae i hôl y ceffyl fel y gallent fynd i seremoni bedyddio plentyn bach yn yr ardal. Er nad yw hi'n awyddus, cytuna i fynd ar yr amod fod y gŵr yn mynd i'r tŷ i nôl ei menig. Pan ddychwel ef o'r tŷ, nid yw hi wedi cyffro a thrawa hi'n ysgafn chwareus ar ei hysgwydd gyda'r menig wrth ei chymell eilwaith i ddal y gaseg. Er nad oes bellach unrhyw sôn fod y wraig wedi ei tharo â ffrwyn ceffyl, erys digon o olion o'r stori wreiddiol i awgrymu y gallai hynny fod wedi digwydd. Byddai hynny'n cadarnhau damcaniaeth T. Llew mai un o'r cesig-dduwiesau oedd morwyn Llyn y Fan, fel Rhiannon.

Y pwnc a daniodd ddiddordeb T. Llew yn anad dim arall ym myd chwedloniaeth oedd arwyddocâd cwlt pen y ceffyl o fewn llên gwerin y cenhedloedd. Bu'n darllen yn helaeth a myfyrio'n ddwys ynglŷn â tharddiad y Fari Lwyd cyn penderfynu bod modd ei holrhain yn ôl i hen dduwiesau ffrwythlondeb y ddaear ac i gyfnod ymhell cyn bod sôn am Gristnogaeth. Adnabyddid hi fel Ceres gan y Rhufeiniaid ac fel Demeter yn llenyddiaeth gwlad Groeg; hi oedd duwies yr ŷd.

Yn ôl y chwedlau yr oedd Demeter yn chwaer i Zeus, y prif dduw, ac yn fam i Persephone. Ond cipiwyd ei merch gan Pluto pan oedd hi allan yn y maes yn casglu blodau a chludwyd hi i fyw gydag ef yn y byd tanddaearol. Ni allai Demeter ddygymod â bywyd heb ei merch a chiliodd yn ei galar i ogof dywyll gan wrthod dod allan. Ond gwelwyd ei heisiau yn fawr canys hi oedd duwies ffrwythlondeb. Heb ei phresenoldeb ni thyfai dim ac o ganlyniad yr oedd pawb yn marw o newyn. Bu raid i Zeus ymyrryd; cafodd drafodaethau gyda Pluto a chytunwyd ar gyfaddawd. Câi Persephone ei rhyddhau i fyw gyda'i mam am gyfnod bob blwyddyn cyn dychwelyd at Pluto yn ei gartref tanddaearol am weddill yr amser. O'r trefniant hwn y deilliodd y tymhorau a chyfnodau'r tyfiant fel y gwanwyn, yr haf a'r hydref cynnar fel cyferbyniad i dymor diffrwyth y gaeaf.

Mae'n debyg fod gan Demeter, fel morwyn Llyn y Fan a Rhiannon, briodoleddau menyw a chaseg, ac yn ôl y chwedl carlamodd ar bedair coes wrth gilio tua'r ogof am y tro cyntaf. Damcaniaeth T. Llew felly yw mai ffurf ar y dduwies Roegaidd Demeter yw'r Fari Lwyd Gymreig gyda'r pen ceffyl a'r corff dynol yn mentro allan i'r byd gaeafol siwrne cyn dychwelyd eto i'w hogof tan y gwanwyn.

Ond y gaseg a aeth â'i fryd yn llwyr oedd y gaseg fedi. Yr oedd y ddefod hon yn dal yn fyw yn yr ardaloedd gwledig tua diwedd y bedwaredd ganrif ar bymtheg a chroniclwyd yr hanes gan y Parchedig Fred Jones mewn erthygl yn *Y Genhinen* yn 1915. Cofiai mab hynaf y Cilie fel y byddent ar ddiwedd y cynhaeaf yn cadw rhyw droedfedd sgwâr o'r cae olaf heb ei dorri. Yna fe blethid pen y tusw a'i roi i sefyll ar ei draed gyda phob medelwr yn ei dro yn taflu ei gryman o ryw ddecllath i ffwrdd, a'r un a lwyddai i ryddhau'r gaseg yn llwyr a gâi'r fraint o'i chludo i'r tŷ a'i thaflu ar fwrdd swper y cynhaeaf. Byddai'n rhaid, er hynny, i'r crymanwr llwyddiannus guddio'r tusw ar ei gorff gan y byddai'r gwragedd yn esgus gwneud eu gorau i rwystro'r gaseg rhag cyrraedd y tŷ yn sych. Byddent yn awyddus iawn i daflu dŵr dros y cariwr tybiedig a hyd yn oed ei daflu i'r llyn.

Yr oedd T. Llew yn bur sicr mai ffurf ar un o'r hen dduwiesau ffrwythlondeb oedd y gaseg hon a gofiwyd ac a ddathlwyd ar gaeau ŷd y Cilie gynt. Ymchwiliodd i'w hanes gan lwyddo i'w holrhain yn ôl mor bell â'r duwiau ar fynydd Olympus. Er hynny, ni allai weld unrhyw arwyddocâd hanesyddol dros anfodlonrwydd y merched i'r gaseg gyrraedd y tŷ heb ei gwlychu tan iddo ddod ar draws hen gainc yn ymwneud â'r dduwies Roegaidd Diana. Yr oedd hi'n un o'r duwiesau hynaf oll ac fe'i hystyrid ar y cychwyn fel duwies yr helwyr ond, wrth i'r hil ddynol adael yr ogof a mynd ati i drin y tir, fe'i cyfrifwyd hithau hefyd fel un o'r duwiesau ffrwythlondeb.

Daeth T. Llew ar draws y stori am ŵr ifanc o'r enw Actaeon yn mynd allan i hela'r carw. Codwyd trywydd ac arweiniwyd yr heliwr i lannerch werdd yng nghanol y coed. Yno gwelodd y dduwies Diana heb ddim amdani yn ymdrochi yng nghwmni ei morynion mewn llyn o ddŵr glân gerllaw. Am dipyn bu Actaeon yn gwledda'i lygaid ar gorff lluniaidd Diana ond cyn hir sylweddolodd y merched fod ganddynt gwmni. Yr oedd Diana yn ddig iawn gan nad oedd yr un dyn wedi ei gweld yn noeth o'r blaen ac aeth y morynion ati i ymosod ar y llanc gan daflu dŵr drosto nes ei fod bron â boddi. Pe na bai'r merched wedi ymateb yn y fath fodd ni fyddai wedi bod yn bosib gwneud iawn am y gwarth na lleddfu llid y dduwies.

Yn y chwedl hon cafodd T. Llew ateb i'r cwestiwn a'i poenodd gyhyd. Onid Diana oedd duwies yr ŷd ac onid y medelwyr a oedd wedi mynd ati i'w diosg o'i gwisg euraid, hardd? Ac yna wele'r crymanwr, fel Actaeon, yn cyflawni'r gwarth eithaf drwy ddiosg ei philyn olaf a'i gadael yn hollol noeth. Rhaid felly oedd i ferched y canrifoedd chwarae eu rhan drwy dywallt dŵr dros y llanc herfeiddiol er mwyn lliniaru dicter duwies y cynhaeaf, fel morynion Diana gynt. Heb ei gwenau hi ni fyddai ffrwythlondeb na pharhad i gylch di-dor yr hau a'r medi sy'n ymestyn yn ôl at fore'r byd.

A dyna T. Llew, gyda'i ddawn i weld y darlun yn ei gyflawnder, wedi cyfannu'r canrifoedd. Aeth â ni o Foel Gilie hyd at fynydd Olympus wrth ddilyn hynt un o draddodiadau hynafol crefft gyntaf dynol ryw. Y trueni yw na chafodd gyfle i ddilyn ei ddiddordeb a chyhoeddi ymhellach yn y maes.

Fy mhobol i

Yn 1915, blwyddyn geni T. Llew Jones, cyhoeddodd Caradoc Evans ei gyfrol enwog *My People*. Mae i'r gyfrol le pwysig yn hanes llenyddiaeth Saesneg yng Nghymru gan iddi ysbrydoli cenhedlaeth o lenorion i ysgrifennu am eu gwlad; ef, i bob pwrpas, yw tad y mudiad Eingl-Gymreig ym myd llên. Ond cyfrol chwerw iawn ydyw ac ni welodd Caradoc Evans unrhyw ddaioni yn y gymdeithas glòs a fodolai yn Rhydlewis ar droad y ganrif ddiwethaf. Dinoethodd yr hyn a welodd ef fel rhagrith crefyddol a thwpdra cynhenid y bobl a throes yr iaith yn gyff gwawd i'r di-Gymraeg.

Yn naturiol, bu cryn adwaith ymhlith y Cymry. Ni roddwyd lle i'r gyfrol ar silffoedd nifer o'n llyfrgelloedd ac yn ôl Gwyn Jones, yn ei ragymadrodd i *Welsh Short Stories*, fe losgodd un awdurdod lleol y copïau yn gyhoeddus. Ac ni faddeuodd T. Llew i'r storïwr a lurguniodd eiriau'r Gymraeg.

Mae'n ddiddorol felly i T. Llew ddewis y teitl *Fy Mhobol i* i'w hunangofiant gan adleisio'r *My People* gwreiddiol. Gwnaeth hyn yn fwriadol gan y gwyddai mai'r un bobl oeddent yn y bôn, ond bod un awdur wedi dewis edrych arnynt drwy lygaid dipyn caredicach na'r llall. Er bod bywyd yn galed ac arian yn brin, ni allai T. Llew fyth anghofio am y gofal a'r cariad a gawsai gan ei bobl ei hun ym Mhentre-cwrt. Ar ben hynny, lliniarwyd y tlodi materol gan gyfoeth llên gwerin glannau Siedi a Theifi a chan ddawn oesol y cyfarwyddiaid a adroddodd y chwedlau hynny iddo ym Mwlchmelyn.

Yn wahanol i Caradoc Evans yr oedd T. Llew yn Gymro balch o'i dras ac nid oedd, mewn blynyddoedd diweddarach, fawr o Gymraeg rhyngddo a'r mewnfudwyr hynny sy'n prysur feddiannu'r gorllewin gan droi pentrefi fel Llangrannog yn Seisnig eu hiaith a Phrydeinig eu hagwedd. Collwyd y nosweithiau o Ymryson y Beirdd o neuadd Pontgarreg a chafwyd prynhawniau'r Darby and Joan i lanw eu lle. Âi haerllugrwydd y newydd-ddyfodiaid o dan ei groen a bu un estrones yn ddigon annoeth i geisio codi tâl arno am barcio'i gar ger traeth Cwmtudu o bob man. Nid oes angen dweud mai ef, gyda'r Foel Gilie'n gefn iddo, a enillodd y frwydr eiriol honno.

Yr oedd wedi hen alaru ar weld pob tŷ a thyddyn a thwll a ddeuai ar werth yn syrthio i ddwylo estroniaid tra oedd y blaid a gefnogai, Plaid Cymru, yn hollol ddi-rym neu'n anfodlon gwneud dim am y peth. Awgrymodd mewn llythyr agored i'r *Faner*, 1 Chwefror 1973, y dylid sefydlu cronfa o filiwn o bunnau er mwyn gwrthsefyll grymoedd dinistriol y farchnad dai yn y broydd Cymraeg. Gellid gwneud hyn pe bai pum cant o bobl yn barod i fuddsoddi dwy fil o bunnoedd yr un, a sylwer mai holi am fuddsoddiad yn hytrach na rhodd a wnaeth. Dewis arall fyddai cael can mil i gyfrannu decpunt yr un. Yr oedd mudiad Adfer a sefydlwyd gan ei fab Emyr Llywelyn yn 1971 yn ymdrechu'n ddewr yn hyn o beth gan brynu tŷ neu ddau fel y byddai ei adnoddau prin yn caniatáu. Ond gwyddai mai ychydig iawn o wahaniaeth a wnâi hyn a bod angen llawer mwy o gyfalaf cyn y gellid cael unrhyw effaith ar y sefyllfa druenus. Fel R. S. Thomas, ni allai T. Llew gondemnio gweithredoedd y llosgwyr tai haf a fu'n cynnig atebion mwy uniongyrchol i'r broblem. Sylwer mai 'ni allai gondemnio' a ddefnyddiwyd yn y frawddeg flaenorol; nid yw hynny yn gyfystyr â rhoi sêl ei fendith ar y llosgi a nododd yn glir yn ei ddyddiadur rai blynyddoedd yn ddiweddarach ei fod yn wrthwynebus i unrhyw bolisi o ddifrodi eiddo, boed gyhoeddus neu breifat, yn y frwydr dros ennill cyfiawnder i'r iaith. Teimlai, er hynny, fod arnom angen Deddf Iaith gref er mwyn cael unrhyw siawns o ddiogelu'r Gymraeg hyd yn oed yn ei chadarnleoedd.

Ond ni allai faddau i arweinyddiaeth Plaid Cymru am wrthymosod mor ffyrnig ar ddaliadau gwladgarol R. S. Thomas. Mae'n bwysig cofio bod y ddau fardd yn hyn o beth yn lleisio barn nifer helaeth o frodorion y gorllewin ar y pryd cyn i gywirdeb gwleidyddol a'r Comisiwn Cydraddoldeb Hiliol ddofi ysbryd pob Beca yn ein plith. Fel yn ei lyfrau, yr oedd cydymdeimlad T. Llew gyda Dafydd yn ei frwydr barhaus yn erbyn grymoedd Goleiath didostur y byd sydd ohoni, a gellir dadlau bod darn go lew o'r awdur ei hunan i'w ganfod ym mhersonoliaeth herfeiddiol arwyr ei gyfrolau.

Yr oedd, er hynny, ychydig o dir cyffredin rhyngddo a Charadoc Evans gan nad oedd gan yr un o'r ddau fawr o gydymdeimlad â'n crefydda cyfundrefnol. Ai dyma paham yr aeth i'r drafferth, un prynhawn, o chwilio am fedd arch-elyn y capelwyr ym mynwent New Cross yng ngogledd Ceredigion? Ond yr oedd yna wahaniaethau hefyd. Tra byddai enaid clwyfus Caradoc Evans yn casáu crefydd â chas perffaith, teimlo ei bod yn amherthnasol i'n dyddiau ni a wnâi T. Llew; nid oedd unrhyw gasineb yn ei anffyddiaeth ef.

Eglwyswyr oedd teulu'r Felin ac addolent yn gyson yn eglwys Capel Mair ym Mhentre-cwrt. Yno yn y fynwent gerllaw mae beddau'r teulu ac oherwydd hynny bu i'r fangre honno le annwyl yng nghalon T. Llew tan y diwedd. Fel plentyn bu'n mynychu'r oedfaon yno'n gyson ac ar un adeg yr oedd ei fryd ar fynd yn offeiriad. Ond collodd ei ffydd rywle ar hyd y ffordd. Mae'n fwy na phosib fod y rhyfel wedi chwarae rhan yn y broses ond rhaid cofio iddo, ar ôl dychwelyd o'i lifrai, gydsynio i fod yn warden ar eglwys Tre-groes tra bu'n brifathro yn ysgol y pentref. Yr oedd, wrth gwrs, yna ddisgwyliadau yn y cyfnod hwnnw ar brifathrawon i chwarae rhan amlwg yn y gymdeithas leol gan y byddai eu dyletswyddau'n ymestyn ymhell y tu hwnt i iard yr ysgol a byddai yntau, yn ei benodiad cyntaf, yn awyddus i greu argraff ffafriol. Pan symudodd i Goed-y-bryn ymunodd â'r eglwys yn Llangynllo gerllaw ond ni chymerodd ran flaenllaw yn ei gweithgareddau. Addolwr achlysurol ydoedd yno, ond byddai fel arfer yn mynd i'r Oedfa Ddiolchgarwch bob blwyddyn o barch tuag at y pentrefwyr.

Ceir ganddo, o'i gyfnod fel eglwyswr, delyneg hyfryd, 'Bore Sul yn Ionawr', sydd, mewn un darlun cofiadwy, yn adrodd cyfrolau am drai crefydd gyfundrefnol yn ail hanner y ganrif ddiwethaf:

> I'r eglwys ddydd Sul dwetha
> Ar wŷs y gloch o'r tŵr
> Ni ddaeth ond pump o wragedd,
> A minnau'r unig ŵr.
>
> Pum gwraig ar fore o aeaf
> Er brath y gwynt a'i boer
> Yn dod a phlygu'n ffyddiog
> Ger bron yr allor oer.
>
> Mair Fagdalen a'r Fair arall,
> Naomi wyneb trist,
> Joanna fwyn a Jose,
> Wrth ddistaw fedd y Crist!

Erbyn iddo ymddeol a symud i fyw i Bontgarreg gallai, â chydwybod glir, ei ddisgrifio ei hunan fel anffyddiwr. Ni fyddai bellach angen iddo ddangos ei wyneb mewn oedfa, o barch i bobl yr ardal. Fel gweithiwr diarbed drwy'r wythnos byddai, oni bai fod galw mawr am ryw sgript neu'i gilydd, yn ceisio cadw'r seithfed dydd ar gyfer ymlacio. Edrychai ymlaen at gael pori yn ei bwysau drwy'r *Sunday Times* a'r *Observer* a gorffen croeseiriau'r ddau bapur. Ar y llaw arall, Annibynwraig oedd ei wraig, Marged, a byddai hi'n mynychu oedfaon Capel y Wig, cartref ysbrydol teulu'r Cilie, yn ffyddlon.

Yn ei ddyddiaduron byddai T. Llew yn gresynu'n flynyddol bron mai gwyliau seciwlar bellach oedd y Nadolig a'r Pasg. Nodai nad oedd fawr neb yn credu yn yr Atgyfodiad, ond nid oedd hynny'n ei ofidio'n ormodol gan y teimlai mai twyll oedd ceisio dysgu pobl fod yna fywyd yr ochr draw i'r bedd. Gŵyl ffug oedd y Nadolig iddo hefyd, gyda'r holl sôn am y preseb a'r geni gwyrthiol, ynghyd â'r canu carolau, wedi troi'n syrffed.

Eto, mae'n hen arfer yng ngodre Ceredigion i'r cynganeddwyr gyfarch ei gilydd ag englyn dros Ŵyl y Geni ac yr oedd T. Llew yn rhan ganolog o'r cylch hwn tan y diwedd. O ganlyniad mae gennyf ryw bump ar hugain o'i englynion Nadolig nas cyhoeddwyd erioed yn saff mewn bocs. Mae'r cywair yn amrywio. Weithiau, englyn seciwlar a anfonai:

> Gwres tân â'i groeso tyner, – a hen ffrins
>   Ffraeth i basio'r amser;
> I'r ffôl – sy'n lico licer,
> Swig heb ball o'r whisgi pêr.

Yn ei ddireidi, ychwanegodd mewn cromfachau'r geiriau 'fel fi' gydag ebychnod ar ddiwedd y drydedd linell. Bryd arall y sinic sy'n siarad ac er gwaethaf ei anffyddiaeth, loes i'w galon fyddai gweld dydd pen-blwydd yr Iesu yn troi yn sbloet fasnachol, baganaidd:

> Nid yw hon yn Ŵyl Mab Duw – erbyn hyn,
>   Aeth ein hoes i ddistryw,
>   Y Goeden – un ffug ydyw
>   A Siôn Corn, hen sinic yw.

Ond yn aml iawn, yn unol â'r hen draddodiad, mae'n ceisio ac yn cael ysbryd yr ŵyl Gristnogol:

> Dim ond croten yn geni – yn ei phryd,
>   Cyffredin yw'r stori,
>   Ond, er hyn, mae'i hogyn hi,
>   A'r Ŵyl yn annwyl inni.

Cawn ein harwain gan yr englyn at y cwmni difyr a arferai dorri ei syched diwylliannol ar nos Sadyrnau, gywyddau maith yn ôl, yn Rŵm Bach y Pentre Arms yn Llangrannog neu ystafell uchaf tafarn Brynhoffnant. Alun Jeremiah Jones oedd y brenin, cyw melyn olaf teulu talentog Jeremiah Jones, y Cilie, cyfandir o fferm a leolwyd ar y tir uchel rhwng Llangrannog a Chwmtudu. Yno, uwchben y bae, enillodd Alun ei blwyf fel amaethwr ac fel bardd nes i enw'r fferm ddod yn gyfenw iddo yntau. Yn 1964 cyhoeddwyd casgliad o'i farddoniaeth, *Cerddi Alun Cilie*, a daeth ei hawdur i fri cenedlaethol yn dilyn adolygiad nodedig Saunders Lewis ar y gyfrol yn y *Western Mail*. Gwelodd ei gwerth a synhwyrodd ei mawredd ac mewn darn o ryddiaith goeth fe'i dyrchafodd i'w phriod le yn llenyddiaeth Gymraeg yr oesau:

Alun Jones is a master craftsman. First in language. A poem is destroyed by a single fault in grammar, by a wrong preposition – for prepositions are in Welsh the Achilles heel of unhappily bilingual writers. You can trust yourself to Alun Jones. He is simply, simply right and sure. He knows his language as he knows his fields. He was brought up in it and them. His Welsh is not a glove he puts on. It is the skin of his mind.

Teg yw nodi bod Alun yn ei ragair yn diolch i T. Llew am ei berswadio fod unrhyw werth i'r cerddi ac mae'n cydnabod ei ddyled iddo ac i'r mab, Emyr, am ei holl lafur wrth gasglu, dethol a golygu'r gyfrol.

Yr oedd T. Llew ddeunaw mlynedd yn iau nag Alun ond tynnodd yr awen a'r gynghanedd hwy at ei gilydd. Mater o haearn yn hogi haearn oedd hi wedyn wrth i'w cyfeillgarwch ddatblygu. Heb amheuaeth bu cwmni Alun o fendith i T. Llew ac yntau'n awyddus i loywi ei grefft ymhellach. Ar y llaw arall, anogaeth T. Llew a roes yr hunanhyder i Alun gystadlu am y tro cyntaf ar yr englyn yn Eisteddfod Genedlaethol Dolgellau yn 1949. Y testun oedd 'Yr Hirlwm' a deil englyn buddugol Alun yn un o drysorau'r gystadleuaeth dros y degawdau.

O dan yr holl dynnu coes, parchai'r ddau alluoedd ei gilydd fel beirdd ac fel cynganeddwyr. Fel y nododd Jon Meirion Jones yn ei deyrnged ddydd yr angladd, gellir dod i adnabod person drwy sylwi ar y gwrthrychau a gasglodd o'i gwmpas. Yn yr ystafell fyw yn Nôl Nant hongianai llun mawr olew o Alun Cilê wedi ei beintio gan Idwal Lloyd, y bardd a'r artist o sir Benfro. Yr oedd Alun yno yn dal i gadw llygad ar ei hen ffrind tan y diwedd.

Daeth rhagor o fri cenedlaethol i ran y ddau pan ofynnwyd iddynt fod yn rhan o dîm Ceredigion yn y gyfres gyntaf un o *Ymryson y Beirdd* ar y radio gyda Meuryn, sef Robert John Rowlands, fel y meuryn cyntaf ac Ifan O. Williams yn cynhyrchu. Bu'n gyfres lwyddiannus a phoblogaidd a oedd at ddant cynulleidfa'r 'pethe'. Aelodau eraill tîm Ceredigion oedd Dafydd Jones ac Evan Jenkins o Ffair-rhos ac yn ôl y sôn ni chollodd Ceredigion yr un ornest pan oedd y pedwar gwreiddiol gyda'i gilydd. Deil rhai o'u henglynion cywaith ar gof gwerin hyd heddiw, megis hwn i Orsedd y Beirdd:

> Nid y cledd ond y weddi, – a'i harddwch,
>   A rydd urddas iddi;
>   Mae nodded tu mewn iddi
>   I'r Gymraeg rhag ei marw hi.

Gellid dweud yr un peth am 'Yr Hen Efail':

> Y gêr dan rwd seguryd, – a'r taw hir
>   Lle bu'r taro diwyd;
>   A wêl fwth ac efail fud
>   A wêl fedd hen gelfyddyd.

Dylid nodi hefyd mai ar ôl cyrraedd y stiwdio a rhyw hanner awr cyn dechrau recordio y byddai'r ymrysonwyr yn cael testun yr englyn cywaith.

Wrth i Alun gyrraedd oedran ymddeol penderfynodd adael gofal fferm y Cilie yn nwylo ei fab, Dylan, a chodi bwthyn unllawr ym Mhontgarreg, y drws nesaf i'w gyfaill mynwesol. Symudodd yno, i Bentalar, yn 1970 ac edrychai ymlaen fel 'henwr yn yr haul' at seiadau gyda'i gymydog. Ond yn anffodus nid felly oedd hi i fod. Dirywiodd iechyd Alun yn ddirfawr a bu i mewn ac allan o'r ysbyty yn bur aml yn ystod ei flynyddoedd olaf. Daeth y diwedd ar ddydd Gŵyl Dewi 1975. 'Dyn mawr wedi mynd o'n mysg' oedd sylw cynganeddol T. Llew yn ei ddyddiadur ar y diwrnod trist hwnnw. Yr oedd yno englyn er cof amdano hefyd:

> I lenor ola'i linach – rhown ffarwél,
> Fu'r un ffrind cywirach?
> Colli'r hwyl a'r cellwair iach,
> Pallodd ffraethineb bellach.

Nid yw'r englyn hwn yn ei gyfrol farddoniaeth ddiweddarach, *Canu'n Iach*, ond mae'r esgyll yno fel rhan o gywydd clasurol ei naws a gyfansoddwyd yn nhraddodiad gorau cerdd dafod er cof am ei hen gyfaill. Ceir yno hefyd delyneg, 'Y Ceiliog Mwyalch', sy'n dwyn i gof yr ymryson barddol hwnnw rhwng Alun, Dic a T. Llew rai gwanwynau ynghynt:

> Canodd dy geiliog neithiwr
> O'r dderwen ger Dôl Nant
> Ag afiaith hafau'r oesoedd
> Yn ei gyforiog dant.
>
> Canodd â'r cwm yn astud
> Yn gwrando'i euraid grwth,
> Fel pe i'th ddenu eto
> I'w wrando wrth ddôr dy fwth.
>
> Canai fel petai'n disgwyl
> Dy gywydd mawl fel cynt,
> Heb wybod dim am elor
> A'r hen, ddiddychwel hynt.

> Canodd dy fwyalch neithiwr
> Anfarwol fawl i ti,
> A thalu'r pwyth, hen gyfaill,
> Megis na fedraf fi.

Ar ôl colli Alun bu criw'r Rŵm Bach yn ceisio gweithio englyn neu gwpled teilwng i'w roi ar y garreg fedd. Ond rywfodd nid oedd dim yn tycio tan i T. Llew sylwi bod y deyrnged wedi cael ei hysgrifennu, a hynny gan Alun ei hunan yn ei gywydd coffa i'r hen gi defaid ffyddlon, Moss. O glywed y cwpled:

> Unig yw'r Cilie heno,
> Mae'n wag heb ei gwmni o

fe sylweddolwyd bod y cyfan wedi'i ddweud mewn pedair sill ar ddeg gan y meistr.

Ar ôl colli Alun cwympodd mantell y brenin yn naturiol ar ysgwyddau T. Llew. 'Ti yw seiad nos Sadwrn', meddai Dic Jones wrtho. Yn yr un cywydd cyfarch mae'n cydnabod ei ddyled i'r 'guru o Bontgarreg' fel hyn: 'Ti yw ein llyw hyd ffyrdd llên.' Ymhelaethodd ymhellach mewn tri hir-a-thoddaid sy'n mynegi ei ddiolchgarwch am addysg coleg y Cilie:

> Dros chwarter canrif ar sgwâr llengarwch
> Pentref yr oed fu pen tir hyfrydwch,
> A thurio i goludd coeth ddirgelwch
> Ffitio geiriau yn yr hen grefftgarwch,
> Minnau hyd risiau'r dryswch – yn cerdded
> Yn llaw agored ei gyfeillgarwch.
>
> Y nosau brawdol yw fy ysbrydiaeth
> A'm llyw yn wastad yw ei feirniadaeth,

Mae mwy o elw yn ei ganmoliaeth
Na'r holl anoddau a ŵyr llenyddiaeth,
A'i guro mewn rhagoriaeth, – fwy na hon
Ni fedd y galon un fuddugoliaeth.

Nes caeir drws yr hirgwsg ar drysor
Digrifa celf gydag ef a'r Cilfor
A blasu'n amal bilsennau hiwmor
Neu englyn Alun, yr hen ben-telor,
Bydd coffa da gen i'n stôr – am y tri
Hyd nes distewi geiriogi rhagor.

Gwn hefyd y byddai seiadwr arall, Donald Evans, a oedd ar y pryd yn ddarpar brifardd ar ei brifiant, yn ategu geiriau Dic. 'Ti sy'n tywys ein tewi,' mynte Dic. T. Llew, heb amheuaeth, a fyddai yn y gadair fel petai; ef fyddai'n llywio'r drafodaeth. Er hynny byddai'n rhaid i T. Llew atgoffa'r gweddill sychedig yn fynych, a hithau'n mynd yn rhywbryd ac yntau'n dibynnu ar gael ei gludo adref, fod ganddo wraig a phlant yn ei ddisgwyl.

Un arall o gonglfeini'r gwmnïaeth oedd y Capten Jac Alun Jones, sef brawd Marged, gwraig T. Llew. Treuliodd ei oes ar y môr cyn ymddeol i'w fro enedigol ym Mhontgarreg. Fel y mwyafrif o wrywod teulu'r Cilie yr oedd yn gynganeddwr o'r crud ac enillodd ar yr englyn cenedlaethol dair gwaith. Cafodd y Capten fodd i fyw am gyfnod ar ôl dychwelyd i dir sych. Yr oedd iddo hafan glyd ar aelwyd Cilfor gyda'i wraig, Lena, a chriw difyr o englynwyr a chyfarwyddiaid ar y cei i hwylio yn eu cwmni. Ond daeth storom erchyll a chollodd Lena. Torrodd y Capten ei galon, ac, er iddo ddal i seiadu fel arfer, yr oedd yr hwyl yn eisiau. Lawer tro bu T. Llew yn gofidio am stad feddyliol ei frawd yng nghyfraith wrth iddynt ei ollwng i lawr tu allan i'w dŷ gwag, tywyll ar y nos Sadyrnau.

Ond y tro olaf gwireddwyd yr holl ofnau a bu'n rhaid i T. Llew dorri i mewn i'r tŷ y bore canlynol i wynebu'r anochel a thorri'r newydd trist i Marged a phlant y Capten. Yn naturiol, bu'r profiad hwn yn gryn ysgytwad iddo. Cyfansoddodd yr hir-a-thoddaid hwn er cof am ei gyfaill:

> Mae heno'i awen a'i lon gwmnïaeth,
> Y miri hwyr a'r brolio morwriaeth?
> Rhamantau'r eigion a'i fyw chwedloniaeth?
> O'i fodd yr hwyliodd drwy gilfor alaeth;
> A gwn i paham y gwnaeth. – Mae'r ateb
> Yn y ddihareb ... 'Ni dderfydd hiraeth'.

Beirdd a storïwyr yn bennaf oedd pobl y Rŵm Bach. Enwyd y prif feirdd eisoes a gellid cyfrif John Jones, Glangraig, gyda'i straeon celwydd golau, Rhys Tre-dŵr a Ianto Nant-y-Popty fel y cyfarwyddiaid. O dipyn i beth ymunodd eraill fel Wyn James, Emyr Hywel a Gwilym Thomas â'r cwmni a byddai croeso i feirdd ifanc fel Ieuan Wyn a Gwynn ap Gwilym alw i mewn pan fyddent yn y fro.

Rhaid cofio mai clwb preifat ydoedd a gwyddai'r trigolion, yn Gymry ac yn Saeson, na ddylid ymuno â'r cwmni heb wahoddiad ac ni fyddent yn mentro tarfu ar weithgareddau'r oruwchystafell. Ond un nos Sadwrn torrodd llond bar o blant ac athrawon o wersyll yr Urdd gerllaw i mewn i'r cysegr sancteiddiolaf i fod yn rhan o'r gweithgareddau. Dynion dieithr i'r ardal oedd yr arweinyddion, heb sylweddoli nad oedd mynediad i bawb i'r ystafell honno. Yr oedd eu hamcanion yn glodwiw; tybient y byddai cael gweld y beirdd traddodiadol wrth eu gwaith yn y Fro

Gymraeg yn brofiad buddiol i blant y Cymoedd. Pe baent wedi ei gadael hi ar hynny a mynd, byddai wedi bod yn ymarferiad gwerthfawr. Ond, yn anffodus, yr oedd yr arweinyddion, heb sylweddoli nad oedd T. Llew yn hoff o ganu ar y gorau, wedi trefnu cyngerdd ar gyfer y beirdd ac aed ati i berfformio 'Milgi Milgi' a 'Bing Bong Bei'. A phan sylweddolwyd mai megis dechrau oedd yr adloniant, rhuodd y Llew a bu raid i'r plant a'r athrawon, fel y milgwn dywededig eu hunain, adael ar frys a'u cynffonnau rhwng eu coesau i chwilio am eu cabanau.

Pobl trin geiriau oedd ei bobl ef ac yr oedd teulu'r Lewisiaid, yr argraffwyr o Landysul, yn uchel yn eu plith. Mae'r cysylltiad â Gwasg Gomer yn mynd yn ôl i'r cyfnod pan oedd T. Llew yn ddisgybl yn Ysgol Ramadeg Llandysul. Yr adeg honno deuai plant Pentre-cwrt i'r ysgol ar y trên a byddai'n rhaid iddynt gerdded i fyny o'r orsaf drwy'r pentref cyn cyrraedd eu desgiau. Golygai hyn y byddai cyfle i'r sgolor bach alw i mewn yn Siop Lyfrau Gomerian ar ei ffordd i'r ysgol. Galwai yno'n ddyddiol gan fynd ar ei union at *The Collected Works of Dickens* i bori ynddo am ychydig cyn ei ddychwelyd i'r silff ar gyfer y bore canlynol. Brenhines y siop ar y pryd oedd Mrs Hannah Lewis, gweddw John David Lewis, sylfaenydd y Wasg, ac yr oedd wedi sylwi ers tro ar arferion y crwtyn o Bentre-cwrt. Yr oedd hi'n wraig garedig ei hanian, rhy hael efallai ar gyfer rhedeg busnes, a phan sylweddolodd fod y gyfrol dan sylw yn costio hanner coron, cyflog wythnos i wehydd yr adeg honno, penderfynodd yn ei chalon ei rhoi yn anrheg i'r darllenydd ifanc. Erbyn hyn mae teulu'r Lewisiaid yn cydnabod mai dyna'r buddsoddiad gorau a wnaeth Gwasg Gomer erioed.

Bu'r berthynas rhwng y wasg a'r awdur yn faith a thoreithiog a bu'n bartneriaeth fuddiol iawn i'r ddwy ochr. Am dros hanner canrif buont yn cydweithio i ddarparu deunydd darllen yn y

Gymraeg i gyfoethogi bywydau plant ac oedolion y genedl. Ond fel ym mhob perthynas iach bu ambell gweryl ac am amryw resymau, na ellir eu nodi fan hyn, bu T. Llew am gyfnodau byr yn ymwneud â gweisg eraill. Er hynny, dychwelai bob tro ar ôl darganfod nad oedd y mannau gwyn fan draw mor wyn ag y tybiai.

Drwy bob anghydfod, deuent i adnabod ei gilydd yn well. Sylweddolai'r wasg fod ganddi drysor ar ei dwylo a bod rhaid gwneud popeth posib i'w warchod drwy droi ei lawysgrifau'n gyfrolau a fyddai'n ymddangos mewn da bryd ar gyfer y farchnad a'u hailargraffu cyn gynted ag yr aent allan o brint; ni fyddai'r awdur yn disgwyl dim llai. Yr oedd cymhorthdal ar gael i'r cyhoeddwr ar gyfer teitlau newydd ond nid oedd dim arian ychwanegol i neb ar gyfer ailargraffu. Anghytunai T. Llew â'r polisi hwn a theimlai fod yr awdurdodau'n ffafrio awduron sâl ar draul y rhai llwyddiannus.

Ar y llaw arall, parchai'r awdur grefft a phroffesiynoldeb 'y Wasg', fel y'i galwai. Yr oedd yn hynod falch o'i gyhoeddwr, ac yn ei ddyddiaduron cyfeiria at y perchennog, John Lewis, bron bob tro, fel 'gŵr bonheddig'. Fel arwydd o'i gwerthfawrogiad, comisiynodd Gwasg Gomer aelod o'i staff, y Prifardd Ceri Wyn Jones, i ganu cyfres o englynion i T. Llew Jones ar ei ben-blwydd yn naw deg oed:

> Fe fentrwn pan oeddwn iau law yn llaw
>   â T. Llew ar deithiau
>   ymysg lladron y tonnau
>   wrth i'r cyfnos agosáu.
>
> Ac i fyd o ogofâu y rhwyfem
>   rhywfodd at drysorau
>   cudd a newydd gan fwynhau
>   yr ofon yn y rhwyfau.

Ond byw dan gysgod bwyyll yn amal
    a wnaem, neu'n wir, cyllyll;
  ac o dro i dro roedd dryll
  yn duo'r noson dywyll

lle'r oedd ffordd arall ar waith, ffordd carnau
    ceffylau'n ffoi eilwaith;
  ffordd beryglus, felys, faith,
  ac un i'w dilyn ganwaith.

Ond yna fe sbardunem: y siwrne
    i Blasywernen 'welem;
  neu liw hwyr, mewn storom lem,
  ar olwyn sipsi'r elem.

Ac aem, er mwyn gwrando ar gân adar,
    i goed Cwmalltcafan
  gyda'u mil o nodau mân –
  a Llew fel cri'r dylluan.

Troi'r iaith yn anturiaethau a wnâi Llew,
    troi'r lleuad yn olau;
  troi tyrfa Beca a'r bae
  yn arwyr, nid yn eiriau.

A gwn nad dychymyg yw yr arwyr
    a erys hyd heddiw;
  yn ei fêr y maent yn fyw,
  darn ydynt o'r hyn ydyw.

Y mae Alf a Tim ei hun o'i fewn ef
    yn un ar y comin:
  y bachgen a'r gŵr penwyn
  naw deg oed yn un deg un.

Plesiwyd yr athro yn fawr gan englynion ei ddisgybl a chawsant le anrhydeddus ar y wal yn Nôl Nant. Teg hefyd yw nodi bod Gomer wedi rhoi cyfraniad sylweddol i Gronfa Goffa T. Llew Jones a sefydlwyd ar gyfer cynnig ysgoloriaethau i blant sy'n dymuno llenydda.

Mynnai T. Llew nad oedd yr un labrwr yn cael ei dalu'n llai am ei lafur na'r awdur druan. O ystyried yr amser a dreuliai yn mynd ati i ail a thrydydd ysgrifennu nofel, a hynny yn aml o'r dechrau, er mwyn ei chael yn iawn, gellid, o bosib, gyfiawnhau ei gŵyn. Ar y llaw arall byddai ei ffrindiau wrth eu bodd yn tynnu ei goes a'i atgoffa am y ffortiwn, dychmygol ai peidio, a wnaeth o'i lyfrau. Gwilym Thomas a ddywedodd, wrth lansio *Sŵn y Malu*:

Bûm wastad yn dyfalu,
Er nad y fi sy'n talu,
Ai'r Gomer Press neu Mills and Boon
Ddaeth mas â 'Sŵn y Malu'.

Clywir yr un nodyn chwareus yng nghwpled Rhys Dafis wrth iddo yntau hefyd ganu clodydd mab enwocaf teulu'r Felin:

Fe wnaeth fom o Wasg Gomer,
Melin aur y miliwnêr.

Mae'r cwpled yn rhan o gywydd a weithiwyd gan ddosbarth cynganeddu Roy Stephens yn Nhan-y-groes i gyfarch T. Llew ar ôl gweld ei fod ef a'r teulu yno'r noson honno yn dathlu ei ben-blwydd yn saith deg. Darllenwyd y cywydd iddo ar ddiwedd y noson ac mae'n berffaith wir iddo fynd at y bar a galw diod i'r ugain ohonom. Mi wn, cans roeddwn yno.

Ond y pennaf cyfoeth yw'r gwaddol o nofelau a cherddi a adawodd ar ei ôl i blant Cymru. Pan aeth Tudur Dylan Jones ati yn 2004 i gyhoeddi detholiad ohonynt, nid oes ryfedd iddo alw'r gyfrol yn *Trysorfa T. Llew*.

Ymhyfrydai hefyd mewn hybu eraill i gyhoeddi eu gwaith a bu'n barod i fod yn bont rhwng aml i awdur a chyhoeddwr. Soniwyd eisoes am *Cerddi Alun Cilie*. Ef hefyd a olygodd nifer o gyfrolau barddoniaeth Isfoel, un arall o'r brodyr, ynghyd â'i hunangofiant *Hen Ŷd y Wlad*. A go brin y byddai'r bardd swil o Bontgarreg, John Lloyd Jones, wedi mynd ati i gyhoeddi'r gyfrol *Grawn y Grynnau* oni bai am anogaeth T. Llew. Cyfrol arall a lywiodd drwy'r wasg oedd hunangofiant Alun R. Edwards, *Yr Hedyn Mwstard*, yn 1980 ac mae'r awdur yn hael ei glod yn y diolchiadau: 'Ni allaf ddiolch digon i T. Llew Jones a roddodd mor hael o'i hir brofiad ac oriau lawer o lafur wrth olygu'r gyfrol hon.'

Dylid nodi hefyd mai o haelioni ei galon, ac nid er mwyn unrhyw fudd ariannol, y cyflawnwyd y cymwynasau hyn. Fel ymchwilydd ei hunan yr oedd yn bwysig iddo fod y cerddi a'r hanesion yn cael eu diogelu ar gyfer yr oesoedd a ddêl.

Arno ef hefyd y disgynnodd y dasg o olygu *Cerddi Pentalar*, sef ail gyfrol Alun Cilie. Cyhoeddwyd hi gan Wasg Gomer yn 1976, flwyddyn ar ôl marwolaeth y bardd, a bu'n rhaid iddo fynd ati i gasglu cerddi nas gwelwyd mewn print o'r blaen o hen ddyddiaduron ac oddi ar ddarnau o bapurau megis cefnau pecynnau sigaréts a hen amlenni gan gofnodi eraill drwy wrando ar dystiolaeth lafar aelodau o'r tylwyth. Ceir yn y gyfrol hefyd fap diddorol yn nodi enwau caeau'r Cilie ynghyd â chart achau'r teulu.

Tua'r un cyfnod gwnaeth gymwynas debyg ag aelod o'i deulu gwaed, sef D. S. Jones, cyfyrder iddo a anwyd ym

Mhentre-cwrt. Gwyddonydd ydoedd yn Lloegr yn dilyn ei alwedigaeth cyn ymddeol yn gynnar a dychwelyd i fyw yn Llanfarian, ger Aberystwyth. Dechreuodd ymddiddori mewn barddoniaeth a chyn pen dim daeth yn hen law arni. Meddai ar awen delynegol, nid annhebyg i'w gyfyrder. Bu ei lwyddiant yn destun balchder i T. Llew a daeth D. S. Jones, Llanfarian, yn enw cyfarwydd ymhlith buddugwyr Adran Farddoniaeth yr Eisteddfod Genedlaethol; rhwng 1970 ac 1974 enillodd ar y delyneg, cerdd radio, dychangerdd, penillion, ar y faled ddwywaith a theirgwaith ar y soned. Yn anffodus, collodd ei iechyd a bu farw'n rhy ifanc. Daeth i'n ffurfafen megis seren wib, cyn diflannu'r un mor sydyn. Casglodd T. Llew ei waith ynghyd a chyhoeddwyd y gyfrol hon hefyd, *Hud yr Hydref*, yn 1976. Nid oedd ball ar weithgarwch y golygydd.

Pan fu farw Caradoc Evans, mae'n debyg i'w weddw dalu pobl yr ardal i fynychu'r gwasanaeth er mwyn i'w gŵr gael angladd parchus. Nid oedd parch i ŵr a fethodd barchu ei bobl ei hun. Fel y dywedir, y mwyaf llwm yw'r llwm o ddyn. Ar y llaw arall, pan fo'r awdur yn un â'i bobl, fel yn achos T. Llew Jones, mae'n stori wahanol.

Sŵn y malu

Aelod o deulu'r Felin oedd T. Llew, felly yr oedd *Sŵn y Malu* yn deitl addas ar gyfer ei gyfrol gyntaf o farddoniaeth. Yn y cefndir mae rhythmau melinau gwlân glannau afonydd Siedi a Theifi yn dwyn i gof yr adeg pan oedd yno nythaid o brydyddion gwlad yn ymarfer eu crefft yn ardal Pentre-cwrt.

Ond mae sŵn rhygnu melin arall hefyd i'w chlywed drwy'r cerddi, gyda'r Hen Felinydd yn hawlio'i doll ar lan afon Amser. Gosodir y naws yn y gân gyntaf, a rydd ei theitl i'r gyfrol:

> O'r meth sydd ar bopeth byw
> Y dderwen ni rydd arwydd;
> A sŵn y pry' sy'n y pren
> Nis clyw neb, ac mae'r rhisgl yn iach.
>
> Ond er yn dal, yn gadarn a deiliog,
> A dewr ei gwedd fel 'tai'n dragwyddol,
> Mae difwstwr ebilliwr bach,
> Cyn arafed â'r canrifoedd,
> Wrth ei waith yn ei chreithio hi.

O droi tair tudalen cawn y gerdd 'Mynd yn Hen' ac o fewn tair tudalen arall ceir y soned hon, 'Yr Hen a Ŵyr'. Wele'r chwechawd:

> Nid oes hirhoedledd i orchestion dyn
> Nac i gywreinrwydd celf na chrefft na chân.
> Ni phery serch godidog llanc a bun,
> Bydd mynych borthi'r fflam yn difa'r tân.

> Hiraeth ni phery byth, er oedi'n hir;
> Ond hen yw'r sawl a ŵyr fod hynny'n wir.

Mae naws hydref a gaeaf ar gerdded drwy'r gyfrol, a'r hyn sy'n rhyfeddod yw iddi gael ei chyhoeddi yn 1967 ac i'r mwyafrif o'r cerddi gael eu cyfansoddi cyn i'r bardd gyrraedd ei hanner cant oed; yr oedd i bob pwrpas ym mlodau ei ddyddiau a'i ffiol yn llawn. Rhaid holi felly pam yr oedd nodyn mor lleddf i gynifer o gerddi cwmnïwr llawen, llawn direidi fel T. Llew Jones.

I bob pwrpas yr oedd ganddo ddau lais gwrthgyferbyniol, gyda'r perfformiwr cyhoeddus a'r penteulu preifat yn cystadlu yn erbyn ei gilydd i'r fath raddau fel bod yn rhaid gwrando'n astud ar y ddau ohonynt i ddod o hyd i'r T. Llew go iawn. Ar ben hynny yr oedd ynddo gyfuniad o oedolyn a ddymunai fynd yn hen cyn pryd ac o blentyn na fynnai heneiddio. Fel y canodd Alan Llwyd amdano:

> Diwair fel plentyn dwyoed, – a'i hydref
>   Twyllodrus yn faboed;
>   Hŷn nag ef yw ei gyfoed,
>   Yntau'n iau na'i ganol oed.

Ceir ochr arall y geiniog gan T. Llew ei hunan yn 1951 ac yntau ymhell cyn cyrraedd ei ddeugain oed:

> Gwyn eu byd yr hen a'r musgrell,
> Hwy gânt aros dan y fantell
> Gyda'u mil atgofion diddan, –
> O na bawn i'n hen fy hunan.

Yr oedd ei fywyd yn llawn gwrthebau ac mae'n anodd cysoni'r asbri a nodweddai'r perfformiwr llwyfan gyda sylwadau'r dyddiadurwr hunandosturiol. Mae'r sylw canlynol a wnaed yng Ngorffennaf 1971 yn nodweddiadol o naws y dyddlyfrau:

> Fy iechyd yn bur ddrwg. Beth sydd o le arnaf i? Mae'r meddygon yn fy nhroi i ffwrdd fel pe bawn y dyn iacha' yn y byd, ond a dweud y gwir mae bywyd wedi mynd yn dipyn o boen a blinder i mi.

Nodai hefyd yn flynyddol wrth gyrraedd rhai o'r cerrig milltir megis dyddiad pen-blwydd, Pasg, Nadolig a Chalan mai go brin y gwelai un arall. Mynnai mai llestr brau ydoedd ac roedd yn grediniol fod y rhyfel wedi effeithio'n andwyol ar ei iechyd. Mae'n wir iddo gael ei boeni gan y llingig, yr hen enw Cymraeg am *hiatus hernia*, a bu'n ddibynnol ar dabledi i leddfu'r cyflwr am flynyddoedd. Bu'r dŵr hefyd yn gryn broblem iddo wrth heneiddio. Eto mae'n deg nodi na fyddai nemor byth yn colli twrn o waith yn yr ysgol a'i fod, hyd yn oed fel pensiynwr, yn ddigon cryf i wneud diwrnod caled o waith yn yr ardd neu o gwmpas y tŷ.

Llenor y cyflwr lleddf o ran greddf ydoedd ac adlewyrchir ei anian bruddglwyfus yn yr ysgrifennu cyhoeddus a phreifat. O bosib, cafodd y duedd hon ei dwysáu gan yr holl egni creadigol a fyrlymai o'i fewn. Mynnai mai cyfrinach rhyngddo ef a'i ddyddiaduron oedd cyflwr bregus ei iechyd. Ynddynt agorai ei galon gan nodi na ddymunai lethu neb arall gyda'i ofidion. Ond go brin y byddai ei gydnabod yn medru cytuno'n llwyr â gosodiad o'r fath.

Cafodd ddamwain erchyll yn y car wrth ddychwelyd o'i ymchwilio yn y Llyfrgell Genedlaethol ar 20 Ebrill 1979 ac o ganlyniad bu'n rhaid iddo orwedd yn llonydd ar ei gefn yn Ysbyty Aberystwyth am chwe wythnos hir. Yn nhraddodiad y fro canodd Dic Jones gywydd i godi ei galon; ni adawai ei ffrindiau iddo fynd yn ochr-druan:

> Dy Renault wedi'r anap
> Heddiw sy'n grugyn o sgrap,
> Ofnadwy ei drefn ydyw,
> Mae'n syndod dy fod ti'n fyw;
> Dod allan o'r fath lanast –
> Mae'n wyrth o'r fath domen wast.

Ond o dan yr ysgafnder yr oedd yna ofid gwirioneddol am y 'guru o Bontgarreg' a hir ddyheu am ei weld yn dychwelyd yn holliach i 'seiadau nos Sadwrn':

> Dy weld yn ôl yn Nôl Nant
> Imi heno fâi mwyniant,
> Tyred Llew, a ni'n tewi,
> Tyrd yn glau, mae d'eisiau di.

Ac yn ôl y deuai o bob anhap. Yr oedd gwydnwch teulu'r Felin yn rhan o'i gynhysgaeth. Yr oedd ei hen dad-cu yn naw deg un oed a'i hen fam-gu yn wyth deg naw yn marw a chafodd ei fam-gu a'i fam hefyd fyw i weld oedran teg. Daw'r un hirhoedledd i'r amlwg mewn sawl cangen arall o'r teulu hefyd.

Rhaid inni aros yn ardal Pentre-cwrt ac o fewn mynwes teulu'r Felin wrth fynd ati i fapio tiriogaeth y T. Llew preifat. Crybwyllwyd eisoes ddylanwad ei fam a'i fam-gu ar y plentyn bach ond ni soniwyd fawr hyd yma am ei frawd a'i chwaer. Gan ei fod gymaint yn hŷn na'r ddau ohonynt nid oeddent yn rhan o'i blentyndod, a chafodd ei fagu i bob pwrpas fel unig blentyn.

Yr oedd Megan Eluned, ei chwaer fach, ddeunaw mlynedd yn iau nag ef ac mae hi'n dal i fyw ym milltir sgwâr y teulu ym Mhentre-cwrt. Hi yw cof teulu'r Felin a chofnodydd helyntion beunyddiol y llinach. Fel ei brawd cadwodd ddyddiaduron dros y blynyddoedd ac mae'r rhain bellach yn drysorfa o hanes teulu, ardal a ffordd o fyw oes a fu. Gall hithau fel ei thad a'i brodyr nyddu pennill a gwna hyn yn rheolaidd i ddathlu ac i alaru ar achlysuron llawen a thrist y gymdeithas yn nhraddodiad y bardd gwlad. Yr oedd y chwaer fach yn addoli'r brawd mawr a fu'n gymaint arwr iddi ac, fel y crybwyllwyd eisoes, gall adrodd nifer o'i gerddi cynharaf ar ei chof. Ac yr oedd yntau'n fawr ei ofal a'i gariad drosti hithau a dalient tan y diwedd mewn cyswllt agos â'i gilydd dros y ffôn. Hi oedd y ddolen gyswllt rhyngddo a Chwm Alltcafan bore oes.

Edwin Sieffre oedd enw'r brawd. Cychwynnodd ar ei yrfa fel aelod o staff y rheilffordd yn nyffryn Nedd ac yna ym Mancyfelin, ger Caerfyrddin, cyn ymsefydlu fel ymgynghorydd yswiriant yn Llanbedr Pont Steffan. Ef oedd 'y dyn siwryn dansierus' y soniai'r cynganeddwyr amdano ac fe ddatblygodd yn ŵr busnes llwyddiannus. Enillodd ei barch ymhlith ei bobl ac fe'i hetholwyd yn Faer y dref.

Yr oedd hefyd yn ddyn 'y pethe' ac yn englynwr a thelynegwr melys. Cerdd gofiadwy yw ei delyneg i'r 'Hen Dŷ Cwrdd', sef Capel Penrhiw a symudwyd i Sain Ffagan:

> Datodwch ei drawstiau cedyrn,
> Gan gofio am dwll pob hoel,
> Symudwch ei bulpud gwladaidd,
> Dihatrwch ei furiau moel.

> Ac ewch ag ef i Sain Ffagan,
> Does neb a all edliw'r tro,
> Symudwyd yr hen gynulleidfa
> Ymhell cyn ei symud o.
>
> Ailhoeliwch ei drawstiau cedyrn,
> Ailgodwch ei furiau plaen;
> Ond byth nid adferir yr angerdd
> A'r sêl a fu ynddo o'r blaen.

Bu'n ysgrifennydd llên eisteddfod flynyddol Rhys Thomas James, Pantyfedwen, yn Llanbedr Pont Steffan am dair blynedd ar ddeg ar hugain, hynny yw, o'r flwyddyn y sefydlwyd yr ŵyl yn 1966 tan ei farwolaeth sydyn yn 1999. Ef hefyd oedd Cadeirydd Pwyllgor Gwaith yr Eisteddfod Genedlaethol pan ymwelodd hi â'r dref yn 1984.

Mae'r cysylltiad teuluol yn esbonio ffyddlondeb T. Llew i eisteddfodau Llambed. Yr oedd Edwin yn ysgrifennydd brwd ac yn awyddus i weld cystadlu teilwng am wobrau hael y noddwyr. Pe na bai'r cystadleuwyr arferol wedi anfon eu cynhyrchion ato mewn da bryd, byddai'r ysgrifennydd yn codi'r ffôn i'w hatgoffa eto o'r testunau gosodedig. Dyna pam yr oedd cystal llewyrch ar adran lenyddol eisteddfodau Edwin. Yr oedd T. Llew erbyn hyn wedi hen ymddeol fel bardd eisteddfodol ond gwyddai fod disgwyliad a dyletswydd teuluol arno i gystadlu yn Llambed rhag digio'i frawd. Cynhelid ymryson neu dalwrn fel rhan o'r Ŵyl a châi'r brawd mawr orchymyn i ddod â thîm o odre'r sir i gefnogi'r eisteddfod. Nid oes ryfedd felly fod enw'r Prifardd T. Llew Jones, Pontgarreg, i'w weld yn britho rhestr buddugwyr Eisteddfod Rhys Thomas James yn Llambed dros y blynyddoedd.

Cystadlu o ran dyletswydd a wnâi yn bennaf, ond yr oedd elfen gref o hwyl yn y geiriogi hefyd. Byddai cael cyfle i herio doniau Dic Jones yn miniogi'r cyneddfau a byddai pob buddugoliaeth yn felys. Gwyddai, o bosib, na fyddai unrhyw werth parhaol i'r ymorchestu geiriol hwn, ond roedd yn barod i gyfaddef ei fod yn ddigon balch o ambell gerdd a daflwyd i mewn i eisteddfod Llambed a chafodd nifer ohonynt eu cyhoeddi yn *Canu'n Iach!*, ei gyfrol olaf o farddoniaeth.

Byddai hefyd yn cystadlu'n gyson yn eisteddfodau Cymdeithas Ceredigion. Yr oedd yn bresennol ym Mhlas Glaneirw, ger Tan-y-groes, pan sefydlwyd y Gymdeithas yng nghwmni Gwenallt, Alun Cilie, Dic Jones, Donald Evans ac eraill yn 1966. Yn ôl y sôn yr oedd hyd yn oed T. Llew yn canu'r noson honno. Y bwriad oedd creu fforwm llenyddol a bu'n ffyddlon iawn i'r ddelfryd honno. Mynychai ef a'r teulu'r cyfarfodydd yn rheolaidd a chafodd, flynyddoedd yn ddiweddarach, y fraint o gael ei ethol yn Llywydd Anrhydeddus ar y Gymdeithas fel arwydd o werthfawrogiad yr aelodau. Yr oedd yn ymwybodol iawn o'r cyfrifoldeb a oedd yn mynd gyda'r swydd a bu'n cadw llygad tadol dros y gweithgareddau tan y diwedd. Yr oedd Cymdeithas Ceredigion yn agos at ei galon ac ef, yn anad neb, gyda'i anogaeth barod, ac ambell gerydd tawel, a fu'n llywio'i chwrs dros y blynyddoedd.

Teimlai reidrwydd felly i gystadlu ar rai o'r tasgau a fyddai'n cael eu beirniadu ar noson cinio Gŵyl Ddewi'r Gymdeithas. Gwnâi hyn yn rhannol o barch at y beirniad, rhag ofn na fyddai neb arall wedi trafferthu i anfon dim i mewn. Ac unwaith eto byddai yna gymhelliad arall yn llechu yn y cefndir, sef ceisio rhagori ar ei ddisgybl annwyl, Dic Jones. Er mai canu o ran hwyl neu ddyletswydd a wnâi, mae'n syndod pa mor aml y llwyddai i daro deuddeg. Ystyrier y cywydd godidog hwn a gyfansoddodd ar gyfer eisteddfod 2005 ac yntau bron â chyrraedd ei ddeg a phedwar ugain. 'Traeth' oedd y testun ac wele ddarn o'r cywydd:

> Traeth bach mewn hen gilfach gudd,
> Â geirwon greigiau'n geyrydd.
> Bro ddi-stŵr beirdd a stori,
> Dyna oedd Cwmtydu i ni
> Un waith, cyn i'r estron hy
> Ei ddwyn a'i lwyr feddiannu;
> Rhoi'i orthrwm ar ein cwm cêl,
> Ei dai a'i odyn dawel.
> Rhyw anniddan dyrfa'n dod
> A thraed dieithr ar dywod.
> Heli a chraig a hawliant,
> Dileu'n hiaith a'i hedliw wnânt.
>
> Ond ieir haf ydyw'r rhai hyn,
> Daw adeg eu mynd wedyn.
> Rhoi ffarwél i'r môr heli,
> Rhoi'n gorffennol 'nôl i ni
> A chaf innau, serch f'henaint,
> Rodio'r fro a'i chyfri'n fraint.

Ger y môr, fel cysegr y mae
Yr enwog Graig-yr-enwau,
Mae'r enwau'n y môr heno'n
Rhan o'i fân ronynnau fo;

Gyr y glaw ar y graig wleb
Y rhain oddi ar ei hwyneb,
A myn y dicllon donnau
Eu llyfu nhw a'u llyfnhau,
Gwelir cyn hir y graig hen
A'i noeth war heb lythyren.

Nawr mae hwyr ar y marian
Difwstwr, a'r dŵr ar dân;
A mi'n aros mewn hiraeth
A neb mwy yn tramwy'r traeth.
Wedi mynd am ysbaid mae
Croch wŷr y ceir a'u chwarae,
A'r gornel ger yr heli
Sy'n eiddo'r morlo a mi.

Mynnai Dic Jones fod modd dod i adnabod y rhan fwyaf o feirdd drwy eu cerddi gan fod y farddoniaeth mewn cerdd lwyddiannus yn un â'r sawl a'i canodd; heb angerdd yn y dweud ni fydd y geiriau namyn chwibaniad yn y gwynt. O fynd ati i ailsawru'r cywydd hwn daw'n amlwg fod yma fardd yn llefaru o waelod ei galon am y mannau a'r pethau a fu mor bwysig iddo. Yr oedd Cwmtudu, fel Cwm Alltcafan, yn un o'r llecynnau cysegredig iddo ac mae'n rhyfeddol fel y llwyddodd y bardd i wau cymaint ohono ef ei hunan i mewn i frodwaith y cywydd. Ynddo mae ddoe a heddiw, y tawelwch a'r storom, ogof y môr-ladron ac odyn bechgyn y Cilie yn ogystal â chysgod bygythiol yr estrones honno a geisiodd godi tâl arno am barcio slawer dydd. A chanwyd yr hiraeth a'r miri i gyfeiliant llanw a thrai'r môr tragwyddol.

Daw hyn â ni at ei wraig, Margaret Enidwen, a'i dylanwad llesol hi ar yrfa lenyddol ei gŵr. Bu'n bartneriaeth hapus a chawsant brofi dros hanner canrif o fywyd priodasol gyda'i gilydd. Daw'n amlwg wrth ddarllen y dyddiaduron eu bod yn bâr agos iawn. Ysgrifennir amdani gyda'r anwyldeb mwyaf; dibynnai'n drwm arni a pharchai ei barn. Ac ar ôl iddo ymddeol caent fwy o amser i fwynhau cwmni ei gilydd. Byddent wrth eu bodd yn mynd am dro yn y car i siopa i'r trefi cyfagos ac i ymweld â pherthnasau. Yr oedd ei fywyd yn troi o gwmpas Marged, fel y'i galwai, a'r teulu. 'Mae'n werth y byd,' meddai wrth gydnabod na allai fod wedi cyflawni hanner cymaint heb ei gofal. Hi fyddai'n sicrhau bod ei gŵr yn cael amser i ganolbwyntio ar yr ysgrifennu.

Cawsant, ar ôl iddo ymddeol, ugain a mwy o flynyddoedd dedwydd gyda'i gilydd yn Nôl Nant tan i iechyd Marged waethygu. Wrth i'w llygaid a'i chorff ballu cafodd ei gŵr gyfle i dalu'r gymwynas yn ôl ac fe'i gwnaeth yn anrhydeddus a gofalodd amdani yn gariadus yn ei gwaeledd hyd y diwedd. Cafodd gyfnodau byr yng nghartrefi Awel Deg a Llwyndyrys ond ef a Iolo a ysgwyddodd y baich gyda chymorth Sarah, yr ofalwraig. Dyddiau blin oedd y rhain iddo a bu Marged farw yn un ar ddeg a phedwar ugain oed ar 28 Mawrth 2002. Bu colli ei gymar yn ergyd drom a mynegodd ei alar yn yr englynion canlynol:

Yn ddigymar yma rwy –'n hen a gwan
   Ac unig fel meudwy;
Daeth ysgariad ofnadwy,
Mae'n galed heb Marged mwy.

> Ysgariad heb gas gweryl – fu hwnnw,
>   Wyf heno mewn helbul
> A thi 'mhell. Ond caf gell gul
> Ymhen dim, yn dy ymyl.

Erbyn hyn yr oedd iechyd T. Llew ei hunan yn torri a bu'n ffodus fod Iolo, y mab ieuengaf, yn ddibriod ac yn dal i fyw yn y cartref teuluol. Soniwyd eisoes am athrylith Iolo ar y bwrdd gwyddbwyll ond, fan yma, rhaid sôn amdano fel mab ffyddlon a fu mor ofalus o'i rieni. Oherwydd presenoldeb Iolo bu modd i T. Llew dreulio gweddill ei ddyddiau ar yr aelwyd yn Nôl Nant. Erbyn y diwedd dibynnai'n helaeth ar y gofalwyr a alwai i mewn yn ystod y dydd ond gwyddai hefyd y dychwelai Iolo o'i waith gydag Asiantaeth yr Amgylchedd mewn da bryd i baratoi'r swper. Gwerthfawrogai hefyd ymweliadau gwirfoddolwyr y pryd ar glud ganol dydd. Edrychai ymlaen at eu gweld a châi fwynhau cinio twym a gludwyd iddo o gegin ei gefnder John Evans yng Ngwesty'r Emlyn. Bu'n un o'r lleisiau huotlaf yn y gwrthdystio ffyrnig a fu pan geisiodd Cyngor Sir Ceredigion, yn aflwyddiannus, ddileu'r gwasanaeth.

Byddai nifer o ffrindiau yn galw heibio yn ystod y dydd i roi tro amdano a byddai'r floedd o 'Dewch i mewn' o'r ystafell fyw yn ddigon i agor y drws iddynt a chaent lond tŷ o groeso wrth ufuddhau i'r gorchymyn. Ond, yn y cyfnod cyn iddo gael ei gaethiwo i'w gadair olwyn, gwyddai'r cyfarwydd na ddylent aros ar ôl pedwar o'r gloch gan mai dyna'r amser y byddai'n mynd ati i baratoi swper i Iolo.

Yr oedd Iolo ac yntau yn ddau enaid hoff cytûn ac yn rhannu'r un diddordebau mewn gwyddbwyll a chwaraeon eraill. Mae gan Iolo ddiddordeb mewn llenyddiaeth hefyd a gallai lunio englyn yn awr ac yn y man, ond ei fod yn rhy swil i'w ddangos i neb y tu allan i'r teulu, heb sôn am eu hadrodd yn gyhoeddus. Yr oedd felly yn syndod i lawer pan gamodd y mab ieuengaf i lwyfan neuadd Pontgarreg yn ystod dathliadau pen-blwydd ei dad yn ddeg a phedwar ugain oed i'w gyfarch mewn englynion:

> Y Llew sydd heno'n llawen, – a dyma
>   Ryw damaid o'r fwydlen:
>   Bwyd da i gael bywyd hen
>   A 'Bell's' ac ambell bilsen.
>
> Y 'Grouse' gaiff hefyd groeso, – a 'Gallo'
>   I'w gael gyda'i ginio;
>   Rhyw win drud 'geir yn ei dro
>   I ateb y galw eto.
>
> Dy fraint yw croesi'r 'ninety', – a ninnau'n
>   Ymuno'n y parti;
>   Awel deg sy'n dy hwyl di,
>   Yn hen, ond eto'n heini.
>
> Y Llew fu'n arddel llwyfan, – a di-drai
>   Ei holl straeon diddan;
>   Er poenau ei goesau gwan
>   Ei gof sy'n dal yn gyfan.

Y perfformiad hyderus hwnnw, heb amheuaeth, fu uchafbwynt y parti ac nid anghofir am y 'Bell's ac ambell bilsen'.

Bu'r mab hynaf, Emyr Llywelyn, yr un mor deyrngar i'w dad a galwai'n rheolaidd yn Nôl Nant i roi tro amdano. Bu'r un mor ffyddlon hefyd i ddaliadau cenedlaetholgar y tad. Ef yw'r llanc ifanc yng nghwmni pennaeth y llwyth yng Nghaerllion gynt:

A thrwy'r brwyndir, wedi hir dario
Yn ei gwman nes cau'r gwyll amdano, –
I'w ir goetir daeth llanc tuag ato;
Llanc hardd ei wedd â llun cawraidd iddo.
Rhannodd â'r henwr yno – yr hiraeth
A'r dôn o alaeth wrth syfrdan wylio.

Ond yn wahanol i'r llanc hwnnw, safodd Emyr yn y bwlch dros ei bobl ac nis denwyd at newyddfyd y gaer estron. Yr oedd yn un o'r tri a fu'n gweithredu yn Nhryweryn yn 1963 ac yntau ar y pryd yn fyfyriwr yn Aberystwyth. Fe'i carcharwyd am ei ran yn yr ymgyrch honno, ond ni chwerwodd ac mae'n dal i gario baner ein Cymreictod yn y cornelyn bach hwn o'r byd. Cyn ymddeol bu'n athro Cymraeg ysbrydoledig yn Ysgol Sir Aberaeron ac yn diwtor iaith mewn dosbarthiadau nos yng Ngheredigion.

Fel ei dad mae inc yn ei waed. Bu'n golygu a chyhoeddi'r cylchgrawn *Bro*, ar ei gost ei hunan, yn y saithdegau. Erbyn hyn ef yw prif symbylydd *Y Faner Newydd*, sydd, ar ôl tranc yr hen *Faner*, wedi ennill ei phlwyf fel llais annibynnol yn y Gymru Gymraeg gan arwain y ffordd mewn llawer ymgyrch, megis sefydlu Coleg Ffederal a Chymreigio Radio Cymru. Yn wahanol i bob cylchgrawn arall, nid yw'n derbyn nac yn dymuno cael ceiniog o nawdd gan y wladwriaeth. Cred Emyr yw bod llawer o'n cylchgronau yn cael eu prynu gan arian parod y llywodraeth ac o dipyn i beth yn mynd yn hollol ddibynnol ar y nawdd hwnnw. O ganlyniad, collant eu grym a'u gweledigaeth gan na allant fforddio brathu'r llaw sy'n eu bwydo.

Ar lawer ystyr mae Emyr yn ymgorfforiad o ddelfrydau'i dad. Ef yw'r llanc o flaen y llys ac yn y carchar sydd wedi mynd ati o ddifrif i wireddu'r breuddwydion. Fel rhiant bu T. Llew yn naturiol yn gofidio amdano a theimlai i'r byw fod rhai, fel Emyr, wedi gorfod talu'n ddrud am eu gweithredoedd cenedlaethol. Yr oedd yna falchder diamheuol hefyd a chefnogai ei fab ym mhob brwydr a phrotest o'i eiddo dros Gymru a'r Gymraeg.

Rhennir yr un daliadau gan blant Emyr, sef Guto, Nia ac Owen. Fel ei dad, ymddangosodd Owen o flaen y llys am gymryd rhan yn rhai o weithgareddau Cymdeithas yr Iaith. Erbyn hyn mae'n Swyddog Addysg yn Llyfrgell Genedlaethol Cymru ac yn Gynghorydd Sir dros Blaid Cymru yng Ngheredigion. Ar y llaw arall mae Guto yn llyfrgellydd cyhoeddus yn sir Gaerfyrddin ac yn bregethwr cynorthwyol ar y Suliau â'i fryd ar ymuno â'r weinidogaeth. Fel pobl llyfrau, fel gwyddbwyllwyr ac fel cricedwyr mae delw'r tad a'r tad-cu yn drwm arnynt. Yn ogystal, cofnodir â balchder yn y dyddiaduron fod Owen wedi dal ei frithyll cyntaf â gwialen, a hynny yng Nghwm Alltcafan lle bu ei dad-cu a'i hen dad-cu yn pysgota gynt. Ni ellir tynnu dyn oddi wrth ei dylwyth.

Byddai'r tad-cu wrth ei fodd yn chwarae criced a golff gyda'i ddau ŵyr ar y lawnt yn Nôl Nant, ond yr un a'i cyfareddai fwyaf oedd ei wyres, Nia. Wele englyn cynnar a gyfansoddodd iddi:

> Un a aned ym Medi, – fy wyres
>   Sy'n firagl o dlysni;
> Harddach na blodau'r gerddi,
>   Un felna yw Nia ni.

Erbyn hyn mae Nia yn fam ac yn gweithio i Ferched y Wawr fel trefnydd sy'n cefnogi'r cylchoedd Gwawr a sefydlwyd ar gyfer gwragedd ifanc. Iddi hi yr ysgrifennodd un o'i englynion olaf, a hynny ar achlysur ei phen-blwydd yn ddeugain oed. Mae'n un o'i englynion mwyaf cofiadwy ac enillodd Dlws Barddas iddo yn 2007. Fel rhan o'r wobr caiff y bardd gopi o'i englyn buddugol wedi ei lythrennu'n gain a'i fframio. Yr oedd T. Llew yn falch iawn o'r englyn hwn a chafodd le anrhydeddus yn yr ystafell fyw yn Nôl Nant:

> Cofio'r hwyl, cofio'r heulwen – yn ein lawnt,
>   Cofio'r plentyn llawen,
> Yma nawr, â mi yn hen,
> 'Wy'n ddig fod Nia'n ddeugen.

Mae'n gerdd i Nia, yr wyres fach sydd bellach yn ddeugain oed, ond ar y llaw arall, gŵyr y bardd ei bod yr un mor berthnasol iddo yntau hefyd. Erbyn hyn mae ef ei hunan ddwy genhedlaeth yn hŷn na deugain oed Nia ac yn ymwybodol fod sglein pob Cwm Alltcafan yn pylu yng nghyflawnder yr amser. I un a lwyddodd i aros yn ifanc cyhyd, anodd iawn oedd derbyn hynny.

Erbyn hyn mae cenhedlaeth arall yn troedio'r hen lwybrau. Mae yna bump o orwyrion a gorwyresau, sef Iwan, Gwenno, Rhian, Mari a Dafydd a phob un ohonynt wedi etifeddu eu cyfran o ddoniau teuluoedd y Felin a'r Cilie.

Er gwaethaf pob darogan gwae cafodd T. Llew oes faith. Bu'r Hen Felinydd yn drugarog wrtho a chafodd fyw am dros ddeng mlynedd ar hugain ar ôl rhoi'r gorau i'w waith fel athro. Ymddeoliad graddol ydoedd er hynny, cans byddai galw cyson arno i ymweld ag ysgolion dros Gymru gyfan a byddai wrth ei fodd yn ufuddhau. Erbyn iddo gyrraedd ei saithdegau yr oedd yn arafu ychydig a cheisiai osgoi mynd allan y nos i annerch cymdeithasau yn Ionawr a Chwefror, misoedd y tywydd caled. Er hynny, byddai'n dal i ysgrifennu wrth ei bwysau, gyda'r cyfrolau'n parhau i ymddangos, os ychydig yn llai aml na chynt.

Bu hwn yn gyfnod dedwydd yn ei hanes. Câi ddilyn ei elfen a chanolbwyntio fwyfwy ar ymchwilio i lên gwerin, chwarae gwyddbwyll a mwynhau bywyd gyda'i wraig, Marged. Erbyn hyn, ef, yn hytrach nag Alun Cilie, oedd yr 'henwr yn yr haul', a darganfu nad oedd bywyd hanner-segur heb ei ragoriaethau. Yr oedd wedi hen ennill ei blwyf yn lleol a chenedlaethol a gellid dweud iddo ddatblygu'n bersona goruwchnaturiol bron. Anwylwyd ef gan genedl gyfan a phan godai ar ei draed i siarad, byddai'n cyfareddu pawb, yn blant ac oedolion.

Addolai'r plant ef a châi gannoedd o lythyrau oddi wrthynt yn canmol y cyfrolau ac yn ymbil am ragor. Wele un a ysgrifennwyd gan ferch o Landysul ar achlysur ei ben-blwydd yn ddeg a thrigain oed:

Annwyl Mr T. Llew Jones

Gobeithio eich bod yn iawn. Pen-blwydd hapus iawn ichi. Y mae rhaid imi ddweud wrthych fy mod yn mwynhau darllen eich llyfrau yn fawr iawn. Fe hoffwn petaech yn ysgrifennu un eto mewn byr amser. Rydym ar ganol darllen *Dirgelwch yr Ogof* yn yr ysgol.

Roeddech yn dysgu fy nhad yn ysgol fach Tre-groes. Rydwyf wedi eich gweld chi lawer gwaith. Roeddech wedi dod draw i wersyll yr Urdd Llangrannog i siarad â'r plant a oedd yno. Roeddwn i yn un ohonyn nhw. Wel, pob lwc yn y dyfodol.

Oddi wrth
Amanda

Anfonwyd y llythyr mewn carden ben-blwydd liwgar o waith Amanda ei hunan. Ar y clawr ceir lluniau o fôr-leidr, llong ar y môr a darlun o gacen ben-blwydd a chanhwyllau arni. Nodir hefyd deitlau chwech o'i nofelau ynghyd â'r cyfarchiad amryliw, 'Pen-blwydd hapus i'r bardd gorau erioed'. Dyna fesur o'i apêl i blant.

Nid oedd pen draw ar ddyfeisgarwch eu cyfarchion. Wele bennill a bostiwyd ar y we gan Carys Haf, deg oed, o Gaio ar achlysur y pen-blwydd yn ddeg a phedwar ugain:

T   am Trysor
Ll am Llyfrau
E   am Enwog
W am WaaaW!
J   am Joio
O am Ogof
N am Nawdeg
E   am Enw
S   am Storïwr y Plant

Byddai bob amser yn ateb llythyron personol. Ni fynnai siomi plant ar unrhyw gyfrif. Wrth iddo heneiddio cynyddodd ei boblogrwydd eto fyth ac ar ei ben-blwydd yn ddeg a phedwar ugain oed derbyniodd dros ddeng mil a phedwar cant o gyfarchion oddi wrth ei ddarllenwyr ifanc. Cyrhaeddai'r post Ddôl Nant mewn sacheidiau'r diwrnodau hynny. Lle bynnag yr âi gwnaed ffws rhyfeddol ohono a byddai yntau'n mwynhau'r holl sylw; ef oedd 'y pennaeth mwyn ymhlith ei barablus blant'.

Yr un fyddai'r stori ymhlith oedolion. Yn lleol fe'i hanrhydeddwyd ar sawl achlysur yng Ngwesty'r Emlyn yn Nhan-y-groes ac yno y bwriwyd rhai o'r cyfrolau diweddaraf i'r byd. Ar y nosweithiau hynny deuai'r prydyddion ynghyd i'w gyfarch, ac yn nhraddodiad y fro byddai yno gryn dipyn o dynnu coes yn gymysg â'r dyledus barch. Cofnodi un o'r troeon trwstan a wnaeth Ifor Owen Evans, ac nid oedd neb yn mwynhau'r saga yn fwy na T. Llew ei hunan:

> Gerllaw lle mae y Prifardd a Iolo'r mab yn byw
> Mae afon fach a pherllan â blodau o bob lliw
> A rhyw brynhawn rown innau yn myned ar fy hynt
> Ar ôl y glaw ofnadw a fu y noson gynt.
> Edrychais dros y ganllaw ac yno ichi'n siŵr
> Roedd T. Llew Jones Esq. hyd ei fogel yn y dŵr,
> Ei sbectol am ei lygaid ond eto'n ffaelu gweld,
> 'Se man a man bod 'rheiny'n y casyn ar y seld.
> Gofynnais iddo'n gwrtais am air o eglurhad,
> We'n mynd i ffws ofnadw os oedd am olchi'i dra'd.
> Yr oedd yn chwilio'n ddyfal â'i ddwylo yn y lli,
> Roedd y lleuad ar ei gwendid, chwel, rhyngoch chi a fi.
> 'Rwy'n chwilio am y cryman colledig,' meddai'r bardd,
> 'Achos i Gapten Walker addewais drasio'r ardd,
> Fe fises yr ysgallen, aeth y cryman mas o'm llaw
> A hedfan mewn i'r afon yn grwn dros ben y claw.'
> Yr own yn falch o ddeall ar ôl y ffwdan oll
> Ei fod yn eithaf normal ac nad oedd sgriw ar goll.
> Mae'n lwcus nad yw'n trigo ar bwys y Teifi Pŵls
> Os taw mewn dyfroedd dyfnion y mae yn cadw'i dŵls.

Nodwyd saga'r cryman yn y dyddiaduron ac aeth sawl diwrnod heibio cyn y daethpwyd o hyd iddo ar wely'r nant wedi i'r llif dawelu.

Yng Ngwesty'r Emlyn y dathlwyd rhai o'r penblwyddi mawrion hefyd. Ar achlysur dathlu'r naw deg cafodd yr hogyn deg a phedwar ugain y profiad o gael ei gyfarch mewn englynion gan fardd a oedd yn hŷn nag ef. Bu yno ddifyrrwch mawr wrth i un henwr dynnu coes y llall. Wele englyn D. T. Lewis o dîm talwrn Ffostrasol y noson honno:

> I T. Llew y crwt llawen, – yn onest
> Dymunaf it heulwen,
> A hir oes heb golli'r wên,
> Na diwedd ar dy awen.

Soniwyd eisoes am nifer o anrhydeddau cenedlaethol a ddaeth i'w ran. Dylid nodi hefyd, yn groes i'r hyn a honnwyd gan Meic Stephens yn ei deyrnged yn yr *Independent*, fod y Sanhedrin eisteddfodol wedi cynnig yr Archdderwyddiaeth i T. Llew ar ddau achlysur gwahanol. Ni nodaf y blynyddoedd o barch i'r rhai a dderbyniodd yr anrhydedd ond gellir dweud bod hyn yn perthyn i'r cyfnod cyn i'r broses gael ei democrateiddio. Yr oedd, felly, yng ngeiriau'r dyddiadurwr, 'yn gynnig ar blât'. Ond ei gwrthod ddwywaith a wnaeth a hynny am resymau nas nodwyd. Ai ofnau am gyflwr bregus ei iechyd a'i rhwystrodd, neu a oedd wedi synhwyro rhyw ddrwg yn y caws? Mae lle i gredu, er hynny, ei fod flynyddoedd yn ddiweddarach yn edifar iddo wrthod y cyfleoedd a gellir dweud â sicrwydd fod yr Orsedd a'r Eisteddfod yn dlotach o'r herwydd gan fod ganddo'r doniau oll i wneud Archdderwydd delfrydol.

Mynnai'r genedl ei fawrygu a byddai pobl y cyfryngau yn troi am Bontgarreg yn gyson i'w recordio a'i ffilmio. Diolch byth fod y mwyafrif o'r rhaglenni hynny bellach yn ddiogel yn yr Archif Genedlaethol fel bod modd i'r cenedlaethau a ddaw brofi o gyfaredd y llais a'n hudodd gyhyd. Os nad yw'r felin bellach yn malu megis cynt, gall y rhai a'i cofia ddweud fel yntau:

Mae pob hen wae, pob hen rialtwch gynt
Ar gof a chadw ar recordiau'r gwynt.

Canu'n iach!

Canu'n Iach! yw teitl ail gyfrol T. Llew Jones o farddoniaeth ac unwaith eto mae'r chwarae bwriadol ar y geiriau'n awgrymu bod cymylau duon marwolaeth yn prysur dywyllu'r ffurfafen. Er hynny, gellid dadlau bod yr ebychiad ar y diwedd yn bradychu ychydig o'r llygad direidus tu ôl i'r dweud a bod y bardd ei hunan yn tybio bod y ffarwél ychydig yn gynamserol. Gwireddwyd hynny cans bu bwlch o ddwy flynedd ar hugain rhwng cyhoeddi'r gyfrol yn 1987 a thynnu'r anadl olaf!

Bu ffawd yn garedig wrth T. Llew a chafodd fwynhau bywyd llawn a chyfoethog. Bu'n ffodus yn ei deulu a'i ffrindiau a rhoddwyd iddo lwyfan teilwng i amlygu ei amryfal ddoniau. Enillodd galon y genedl; datblygodd yn eicon cenedlaethol a gadawodd drysorfa o gyfrolau, chwedlau ac atgofion ar ei ôl.

Ond bu'r gŵr â'r bladur yn gydymaith cyson iddo drwy'r blynyddoedd. Yr oedd yno yn taflu ei gysgod dros diriogaeth y bardd cyhoeddus a'r persona preifat fel ei gilydd. Ni allai ddianc rhagddo; yr oedd arno, er yn gynnar iawn, ofn marwolaeth. Chwaraeai ar ei feddwl ac, unwaith eto, rhaid cofio mai gŵr canol oed ym mlodau ei ddyddiau a gyfansoddodd y delyneg 'Ffarwelio', yn *Sŵn y Malu*:

>Cyn hir fe'm delir innau
>   Tan glo'r dieithrwch mawr,
>A bydd y tŷ yn ddistaw
>   A'r llenni i gyd i lawr.

Bydd yna gydymdeimlo
　Â synfyfyrdod tri,
Ac ail-gynllunio bywyd
　O'r newydd hebof fi.

Yng ngŵydd fy nghlai digyffro
　Bydd anesmwythyd swil,
A llaith fydd fy nghynhebrwng
　Gan ddagrau crocodil.

Gwae na chawn innau'r alwad, –
　Fel 'r eliffantod mawr,
I gychwyn ar fy siwrnai
　Cyn dod o'r olaf awr.

Fe ddylai'r 'maflyd codwm
　Ag Angau fod ynghudd,
R'un fath â'r weithred fechan
　A'm creodd slawer dydd.

Pe cawn i'r alwad ddirgel,
　Fe giliwn ryw fin hwyr
Lle nad oes neb i wylio
　Fy narostyngiad llwyr.

Wedyn pe dôi hen gyfaill
　Mewn awydd am fy nghwrdd,
Fe ellid dweud heb ddagrau,
　'Mae wedi mynd i ffwrdd.'

　　Yn rhyfedd iawn mae'r fynwent yn ymddangos yn agosach yn ei gyfrol gyntaf, *Sŵn y Malu*, nag ydyw yn *Canu'n Iach!* a gyhoeddwyd ugain mlynedd yn ddiweddarach. Cyfaddefai fod ofn y diwedd wedi cilio wrth iddo heneiddio.

Pan ddaeth yr awr i ymadael, dim ond dau, yn hytrach na thri, a adawyd ar ôl i 'synfyfyrio' a theg yw dweud bod y penteulu erbyn hynny yn fwy na pharod i 'fynd i ffwrdd'. Fe ffarweliodd ar y nawfed o Ionawr 2009, ac ymgasglodd torf sylweddol o deulu a ffrindiau i dalu'r gymwynas olaf mewn gwasanaeth preifat yn amlosgfa Aberystwyth rai diwrnodau yn ddiweddarach. Traddodwyd y deyrnged angladdol gan ei nai, Jon Meirion Jones, a rhoddwyd y llwch i orwedd ar bwys ei wraig, Marged, yn y bedd teuluol yng Nghapel y Wig, Pontgarreg. Yno, dan gysgod Foel Gilie, caiff dragwyddol hedd yng nghwmni eraill o gyffelyb fryd, megis Tydfor a'r Capten, a'r brodyr Isfoel ac Alun. Deil y fynwent hon yn gronicl i hanes un o gyfnodau godidocaf y plwyf yng nghyd-destun diwylliant Cymru gyfan.

Pan gollwyd T. Llew, collodd y genedl un o'i hanwyliaid pennaf. Lledodd y newyddion drwy'r wlad fel tân gwyllt ac aeth y cyfryngau torfol ati i dalu gwrogaeth i un a fu'n gyfrannwr cyson dros y blynyddoedd. Yr oedd ganddo lais cadarn a phersain a phersonoliaeth ac wyneb llawn cymeriad. Ffoniwyd ei gyfeillion a'i gydnabod a bu Dic Jones ac eraill yn talu teyrnged iddo ar radio'r bore. Neilltuwyd un o raglenni Dei Tomos i gloriannu ei gyfraniad i fyd llên. Felly hefyd ar y teledu ar raglenni megis *Wedi Saith*. Ailddangoswyd y ffilm *Tân ar y Comin* ynghyd â nifer o raglenni eraill y bu'n rhan ohonynt. Deallai anghenion y cyfryngau i'r dim. Byddai'n paratoi'n fanwl ar eu cyfer gan bwyso a mesur gwerth pob gair, saib ac ystum cyn ymddangos o'u blaen. Yr oedd yn gaffaeliad gwerthfawr i unrhyw gynhyrchydd rhaglenni ac nid yw'n rhyfedd fod cynifer ohonynt mor gyfarwydd â'r ffordd i Bontgarreg.

Talwyd teyrngedau iddo yn ein cylchgronau. Mewn perl o erthygl yn *Barn* cofia Peredur Lynch am y wefr o ddarganfod llyfrau T. Llew Jones am y tro cyntaf fel bachgen ysgol ar ddechrau'r saithdegau. Ar furiau'r ysgol honno ym Meirionnydd hongianai llun o wynepryd gwelw, pruddglwyfus Syr O. M. Edwards, yr arloeswr mawr a gychwynnodd y broses o gyflwyno'r Gymraeg fel cyfrwng addysg i blant Cymru. Parhau â'r gwaith o wireddu breuddwydion y gwron hwnnw a'i fab, Syr Ifan, a wnaeth T. Llew, ac fe'i cyflawnodd a gwên ar ei wyneb. Er gwaethaf ei ofidiau am ddyfodol y Gymraeg, nid gŵr trist mohono.

Magwyd Peredur Lynch ar anturiaethau enbyd cyfrolau megis *Trysor y Môr-ladron*, *Y Ffordd Beryglus*, *Ymysg Lladron*, *Dial o'r Diwedd*, *Cri'r Gwylanod*, a *Barti Ddu*, sef y cyfrolau a gydredai â blynyddoedd blas y darllen cyntaf. Llwyddodd T. Llew, o fewn cyfundrefn addysg Brydeinig ei naws, i greu byd rhamantus Cymraeg i blant Cymru a chreodd arwyr cenedlaethol o'r newydd allan o gymeriadau Cymreig lled-hanesyddol megis Harri Morgan, Twm Carnabwth a Thwm Siôn Cati. Daliodd ddychymyg ei ddarllenwyr ifanc ac enillodd eu calonnau. Fel y sylwodd yr Athro Peredur Lynch wrth ailddarllen y cyfrolau hyn o gadair dysg canol oed:

> Nid oes angen athrylith i roi ei fys ar y peth hwnnw sydd mor amlwg ag erioed ymhob un ohonynt. Stori garlamus yw'r peth hwnnw; stori yn mynd ar wib; yn wir, stori yn mynd ar gymaint o wib fel y sylwaf bellach fod y lleidr pen-ffordd John Brandt yn *Y Ffordd Beryglus* yn troi yn John King o fewn deg tudalen i'w ymddangosiad cyntaf. Ond pa ots am hynny? A chyda'r fath stori gyffrous, pa raid

ymboeni nad oes yma arddull gynnil ac ymataliol a bod yr awdur yn hau ei ansoddeiriau lliwgar yn afradlon o hael? A pha raid ymboeni nad oes yma ryw ddeialog foel a 'realistig' ychwaith? Oes, y mae rhyw dwtsh deheuol braf i'r siarad, ond y mae yma hefyd ladron pen-ffordd sy'n gwneud defnydd tra hyfedr o'r trydydd unigol gorchmynnol wrth ladrata ('Peidied neb â symud o'r fan lle mae o'). Na, fe wyddai T. Llew Jones nad rhai twp oedd plant Cymru. Gwyddai hefyd nad oedd rhaid i lyfrau plant gynnwys iaith blentynnaidd.

Y mae yna barch rhyfeddol at T. Llew Jones ymysg plant Cymru. Rai blynyddoedd yn ôl cynhaliwyd arolwg gan bapur newydd y *Times* trwy'r ysgolion er mwyn darganfod pwy oedd yr awdur llyfrau plant mwyaf poblogaidd yn y Deyrnas Gyfunol. O gofio mai dim ond pump y cant o boblogaeth Prydain sy'n Gymry ac o ystyried ymhellach mai rhyw ugain y cant o'r Cymry hynny sy'n medru ein hiaith, mae'n rhyfeddol fod T. Llew Jones wedi dod yn ail i Enid Blyton yn yr arolwg hwnnw. Mae'r ffigurau yn adrodd cyfrolau am ei statws ymysg awduron llyfrau plant ac am golled y naw deg wyth y cant nad yw ei lyfrau yn eu cyrraedd. Pe bai wedi ysgrifennu yn Saesneg byddai wedi ennill ffortiwn.

Bu aelodau Cymdeithas Barddas hefyd yn talu teyrnged i'w Llywydd Anrhydeddus yn eu cylchgrawn. Yn yr erthygl flaen sonia Alan Llwyd am y wefr a gafodd fel bachgen ifanc yn Ysgol Botwnnog wrth ddarganfod awdlau arobryn T. Llew diwedd y pumdegau. Bu'r awdlau hyn yn fodd i fyw i gynganeddwr brwd ar ei brifiant. Neilltuwyd rhan helaeth o'r rhifyn iddo a chroniclwyd cerrig milltir y daith, ynghyd â stôr ddifyr o chwedlau teuluol gan hanesydd y Cilie, Jon Meirion Jones.

Ar ben hynny, testun cystadleuaeth yr englyn a feirniadwyd yn y rhifyn hwnnw oedd 'Fy Hoff Lyfr'. Gwelodd nifer o'r englynwyr eu cyfle ac aethant ati i ganu englynion coffa i T. Llew Jones. Felly hefyd y buddugol. Dyma englyn 'Harri Morgan' i'r gyfrol *Trysor y Môr-ladron*:

> Ti yw awen y llenor – a T. Llew,
>   ti yw y llyfr ar agor;
>   ti i mi yw llais y môr,
>   ti a roes inni'r trysor.

Arwel Emlyn Jones o Ruthun oedd 'Harri Morgan' a llwyddodd i gyfuno trysor y môr-ladron a'r gwaddol a adawyd inni gan T. Llew mewn un ddelwedd gofiadwy.

Yn rhifyn coffa *Taliesin* mae Alun Ffred Jones, y Gweinidog Treftadaeth ar y pryd, ac un o ddisgynyddion teulu'r Cilie, yn cofio am fydoedd cyfareddol llyfrau T. Llew. Yn hyn o beth mae yntau, fel Peredur Lynch a Ceri Wyn Jones, yn lleisio profiad sawl cenhedlaeth o blant y medrai uniaethu yn llwyr â hwy wrth ail-fyw dyddiau plentyndod. 'Y Pibydd Brith' yw teitl yr erthygl, sy'n bennawd priodol iawn o gofio am ddawn T. Llew i ddenu plant y greadigaeth o'i gylch i wrando'n gegrwth ar ei storïau.

Mae Siân Teifi a Mererid Hopwood hwythau'n gwau eu hatgofion mewn telynegion o erthyglau coffa ac mae John Gwilym Jones yr un mor ddifyr wrth dalu teyrnged i'w athro barddol. Siân Teifi oedd awdur y gyfrol *Cyfaredd y Cyfarwydd* a gyhoeddwyd yn 1982, ffrwyth gwaith ymchwil a wnaeth ar fywyd a gwaith T. Llew Jones. Yn sicr, mae'r gyfrol yn gyfraniad gwerthfawr ac yn gymorth parod i'r sawl sydd am ddod i'w adnabod yn well.

Priodol hefyd yw cofnodi'r englyn coffa hwn o waith T. James Jones:

> Ble ar ddaear ma'r llais arian, â strancs
>   ei storiáis mor ddiddan
>   â champe geire 'i gân?
>   'Cofe! Yng Nghwm Alltcafan.

Crisialwyd y golled mewn deg sill ar hugain, a llwyddwyd yn nhafodiaith gyfoethog dyffryn Teifi i ddal anian T. Llew wrth i'r englynwr ein tywys yn ôl i fro'r hud a lledrith cyntaf yng Nghwm Alltcafan.

Cofiodd y cylchgrawn *Llafar Gwlad* hefyd am un o'i brif gymwynaswyr. Ar y clawr ymddengys llun ohono wedi ei amgylchynu gan blant a llyfrau, a thu mewn ceir gwerthfawrogiad o'i gyfraniad ynghyd â chywydd coffa gan Myrddin ap Dafydd. Cynyddodd diddordeb T. Llew mewn llên gwerin a choelion y bywyd gwledig wrth iddo heneiddio a'i gyfrol ef ar ymosodiad y Ffrancwyr ar Abergwaun oedd y gyntaf i'w chyhoeddi yng nghyfres Llyfrau Llafar Gwlad. Cysylltai'n rheolaidd â Myrddin ap Dafydd a golygyddion eraill y cylchgrawn drwy lythyru a ffonio. Cyfrannai erthyglau yn gyson ac addawodd Myrddin iddo y byddai'n casglu'r ysgrifau hyn ynghyd yn un gyfrol 'wedi i fi fynd', chwedl T. Llew. Cadwodd Gwasg Carreg Gwalch at ei gair ac yn 2010 cyhoeddwyd *Llên Gwerin T. Llew Jones*, cyfrol sy'n gofeb deilwng i ŵr a gyfrannodd gymaint yn y maes hwn.

Cafodd sylw yn ogystal yn y wasg Brydeinig. Talwyd teyrnged iddo yn yr *Independent* gan Meic Stephens, cyn-Gyfarwyddwr Adran Lenyddiaeth Cyngor Celfyddydau Cymru, corff a oedd tan yn gymharol ddiweddar yn gyfrifol am ariannu'r Academi Gymreig. Ni fu gan T. Llew fawr o olwg ar yr Academi am y rhan fwyaf o'i oes. Ni hoffai ei helitiaeth academaidd. Gwrthododd droeon ymuno â'r hyn a welai ef fel clic llenyddol ond ildiodd yn y diwedd gan fodloni derbyn yr anrhydedd o fod yn gymrodor anrhydeddus am oes. Mae Meic Stephens yn rhoi ei fys ar un o gryfderau pennaf T. Llew fel awdur llyfrau plant:

> As both poet and prose-writer, he seemed to know instinctively what children like to read and, with no thought for adult taste or the approval of literary critics, provided them with just what they wanted, whether adventure stories, folk tales, whodunits, magic realism, historical romances, ghost stories or humorous verse. There is no school in Wales that does not have his books on its library shelves and hardly one he did not visit, often to a rapturous reception of the sort usually reserved for pop singers.

Mae'n iawn i ddeallusion y byd Prydeinig gael eu hatgoffa o dro i dro fod yna ddiwylliant arall yn bodoli i'r gorllewin o'r Gelli Gandryll.

Tila iawn fu'r sylw yn yr iaith fain yn y *Western Mail*; ni theilyngodd marwolaeth gwron a ddisgrifiwyd gan Meic Stephens fel 'the foremost children's writer in Welsh literature' fwy na brawddeg ar waelod tudalen yng nghorff y papur. Yno, yn yr un eitem, cyplyswyd ei ymadawiad ef gyda marwolaeth y llenor a'r Prifardd Eluned Phillips a gollwyd o fewn yr un wythnos. Eto pan fu farw Syr Dai Llewellyn ychydig ddyddiau'n ddiweddarach cafodd y newyddion am y Cymro hwnnw, gŵr a enillodd ei enwogrwydd yng nghylchoedd amheus bywyd cymdeithasol y crachach Llundeinig, le blaenllaw ar dudalen flaen a nifer o dudalennau mewnol ein papur cenedlaethol.

Ond yn y gorllewin cafodd ddyledus barch. Ar dudalennau'r *Gambo*, y papur bro, rhannodd y Tad Seamus Cunnane ei atgofion amdano fel gwyddbwyllwr ac fel hanesydd lleol. Cofiodd beirdd megis Dai Rees Davies, Gwen Jones, Pat Neill a Jon Meirion Jones amdano mewn cerddi yn nhraddodiad yr ardal ac yn eu plith gwelwyd englyn Philippa Gibson o bentref Pontgarreg:

> Clywn ganu'n iach gan fachgen – dros naw deg.
>   Drwy'i sain dwys, clywn amgen
> Gerdd, cans mae'i angerdd a'i wên
> Yn dal ar bob tudalen.

Symud i mewn i'r ardal a wnaeth Philippa ac aeth ati yn ddiymdroi i ddysgu iaith y brodorion a pharchu eu traddodiadau. Ar ôl croesi'r bont, fel Howard Williams, dysgodd iaith arall, sef y gynghanedd, ac yn 2008 dilynodd ôl troed T. Llew ac Alun Cilie drwy ennill cystadleuaeth yr englyn yn yr Eisteddfod Genedlaethol. Mae hi a'i thebyg yn ymgorfforiad o'r bendithion a all ddeillio o'r mewnfudo mawr i'r Fro Gymraeg ac ymhyfrydai T. Llew yn llwyddiant ieithyddol ac awenyddol ei gyd-bentrefwraig ddisglair.

Eithriadau er hynny yw mewnfudwyr fel Philippa Gibson. Mae yna hanesyn trist am ddieithryn o Gymro a deithiodd i Bontgarreg i ymweld â T. Llew. Ni wyddai lle roedd Dôl Nant a bu'n rhaid iddo holi'n ofer ar bedwar trothwy drws anghyfiaith cyn dod o hyd i rywun a'i hysbysodd, 'I think there's a writer living opposite the School'. Mae'r dirwedd ieithyddol yn newid o flaen ein llygaid ac yr oedd gweld yr iaith a'r gymdeithas Gymraeg yn cilio o'r broydd hyn yn ofid calon i T. Llew. Wrth ymfalchïo yn y to newydd o blant sy'n dysgu Cymraeg yng nghymoedd Morgannwg a Gwent, byddai'n nodi bod yr iaith yn dod i mewn drwy'r drws cefn yn y de-ddwyrain ac yn ymadael drwy'r drws ffrynt yn y gorllewin.

Llefarodd Ifor ap Glyn, Bardd Plant Cymru ar y pryd, dros y to iau. Onid oeddent newydd golli eu storïwr mawr? 'Golau yn y Gwyll' yw testun y gerdd, fel testun ei ddilyniant o gerddi arobryn yn Eisteddfod Genedlaethol Môn yn 1999. I raddau maent yn gorgyffwrdd gan fod i'r iaith le canolog yn y ddwy. Fel is-deitl ychwanegwyd: 'I T. Llew Jones, bardd plant cyntaf a mwyaf Cymru'.

> Gwelsom cyn hyn ganhwyllau'r rhai hŷn,
> fel tyllau llachar yn nhywyllwch y llan
> yn gwadd goleuni mewn o'r tu draw.
>
> A gwelsom y rhai iau mewn cyngerdd hwyr
> yn eglwysig gyda'u leitars,
> yn patrymu'r nos â'u hangerdd.
>
> Ond heno yn llofftydd plant ein gwlad
> gwelwn ddillad gwely'n fryniau dirgel
> a gwawl od yn dianc dan y plancedi.
>
> Pe mentrem i grombil
> y siambrau arallfydol hyn,
> caem ymhob un
> blentyn yng nghroth dychymyg;
> bennau gliniau dan ei ên
> a thortsh wrth ei drwyn
> wedi ymgolli'n llwyr
> yn llyfr T. Llew.

> Ym Mhontgarreg,
> mae ffenest y meistr yn dywyll mwy;
> ond yn llofftydd Cymru heno
> mae defod anfwriadol y plant
> yn dyst i'w barhad,
> ac mae goleuni eu Gwydion
> yn dal i ffrydio mewn
> o'r tu draw ...

Yr oedd y golau'n brin ym Mhentre-cwrt slawer dydd a phrif adloniant T. Llew fel plentyn bach fyddai gwrando ar ei fam a'i fam-gu yn adrodd straeon o gylch y tân. Ac yn y gwely byddai'n darllen hyd berfeddion nos yng ngolau cannwyll. Mae'r amser wedi newid ond mae Ifor ap Glyn yn dal i weld plant Cymru yn darllen llyfrau T. Llew â'u tortshys ar ôl i'w rhieni ddiffodd y golau trydan.

Mae'n dwyn i gof hefyd y gân hyfryd honno a gyfansoddwyd gan Mererid Hopwood, Bardd Plant cynharach, ar achlysur hapusach. Fel hyn yr aeth hi ati, ar ran plant Cymru, i ddathlu pen-blwydd T. Llew Jones yn naw deg oed:

> Ga' i lais y llygaid gleision?
> Ga' i iaith y stori i gyd?
> Ga' i wres yr hen hanesion?
> Ga' i'r hwyl, ga' i'r geiriau hud?
>
> Ga' i hedfan 'da'r gwylanod?
> Ga' i weld y traethau gwell?
> Ga' i alw 'Nghantre'r Gwaelod?
> a bae yr ynys bell?

> Ga' i aros iddi nosi?
> Ga' i sgwrs? – (Pwy gysgu wir ...
> mae seiat Twm Siôn Cati
> yn well o bara'n hir!)
>
> Ga' i'r haf yng Nghwm Alltcafan?
> Ga' i'r wig a'r awyr iach,
> y nef ar lan yr afon,
> a'r byd ym Mhont-dŵr-bach?
>
> A chaf, fe'i caf, y cyfan,
> o gael iaith f'arwr glew,
> yr hwn sy'n stori'i hunan,
> y llais sydd yn T. Llew.

Llwyddodd Mererid ar fydr ac odl a chynghanedd i leisio dyheadau holl blant ac oedolion Cymru. Dyma hefyd y math o ganu crefftus a thelynegol a enillai glust a chalon y bardd plant mwyaf oll.

Ond fel gyda phob angau, yr oedd yr ergyd ar ei thrymaf adref ar aelwyd yr ymadawedig. Yr oedd Emyr a Iolo wedi colli mwy na ffigwr cenedlaethol; yr oeddent wedi colli'r tad a'u magodd. Ac, yn achos Iolo, ni fyddai mwyach anadl i'w ddisgwyl a'i groesawu adref o'r gwaith yn Nôl Nant. Aeth ati i eirio'i hiraeth mewn tri englyn:

> Mewn lle gwell mae 'nhad bellach – wedi'r boen,
>   Wedi'r beunydd rwgnach,
>   I mi ni welir mwyach
>   Ei ben uwch teipiadur bach.

> Rhwymodd hen hanes rhamant – a'i drosi
>   Yn drysor adloniant,
> Deallai fod diwylliant
> Ar gyfer pleser ein plant.
>
> Ei sgiliau mewn ysgolion – a'i eiriau
>   Erys i ddisgyblion,
> Mae hir ledrith môr-ladron
> Heno'n dal ar fin y don.

Ac o'r holl deyrngedau a dalwyd i T. Llew, mentraf awgrymu mai englynion Iolo a fyddai wedi ei blesio fwyaf.

Ar y garreg fedd, yn addas iawn, mae englyn gan Dic Jones:

> Yma rhwng galar a gwên, – yn erw'r
>   Hiraeth nad yw'n gorffen,
> Wylo'n ddistaw mae'r awen
> Uwch olion llwch eilun llên.

Mae'r englyn hwn yn gymar teilwng i'r un a gerfiwyd ar wal Bwlchmelyn i gofio'r man geni. Bron na ellid dweud bod y ddau englyn yn gwneud pâr cyfatebol, fel dau gi tsieni ar y pentan. Maent yn agor a chau'r cylch yn berffaith.

Ychydig a wyddem ar y pryd y byddem yn ffarwelio â Dic Jones hefyd o fewn naw mis. Wrth golli'r ddau gawr mor agos i'w gilydd, caewyd y drws am byth ar seiadau'r Pentre Arms a thafarn Brynhoffnant. Bu 2009 yn flwyddyn greulon i Geredigion. Collwyd dau brifardd arall, Eluned Phillips a John Roderick Rees, ynghyd â'r hanesydd morwrol o Langrannog, y Dr Geraint Jenkins. Gadawyd bylchau enfawr ar eu hôl ac ni ellid llai na theimlo ei bod yn ddiwedd cyfnod.

Eto, wrth hiraethu, rhaid cofio mai testun dathlu yw bywyd T. Llew Jones. Cawsom ei gadw am naw deg tri o flynyddoedd a bu ei gyfraniad yn sylweddol mewn llawer maes. Dylem fod yn ddiolchgar am yr hyn a gyflawnodd a'n dyletswydd bellach yw adeiladu ar y gwaith hwnnw.

A dyna yn union a wnaeth disgyblion ysgol Chwilog yng Ngwynedd. Yng ngeiriau'r prifathro, Edward Elias: 'Y plant eu hunain a gafodd y syniad o greu dathliad i gofio T. Llew Jones ac mae hynny'n arwydd o'r mwynhad y maent wedi'i gael dros y blynyddoedd o ddarllen ei lyfrau.'

Annwyl Ffrindiau

Mae'n siŵr eich bod wedi clywed y newyddion trist am farwolaeth T. Llew Jones. Pan glywsom ni roeddem wedi ein siomi am ei fod yn awdur a chyfaill mor arbennig i blant Cymru.

Oherwydd hyn i gyd rydym wedi cael syniad! Beth am ddechrau ymgyrch i gael diwrnod cenedlaethol T. LLEW JONES i gofio amdano. Ar y diwrnod byddai plant pob ysgol yng Nghymru yn cofio amdano drwy ddarllen ei lyfrau neu wisgo i fyny fel un o gymeriadau ei lyfrau – neu sgwennu barddoniaeth amdano.

Os ydych yn hoffi'r syniad cysylltwch yn ôl efo ni cyn gynted â phosibl.

Hwyl fawr am y tro.
   Plant Ysgol Chwilog

Bu'r ymateb yn syfrdanol ac yn fuan iawn yr oedd dros ddeugain o ysgolion wedi ateb yn gadarnhaol. Penderfynwyd cynnal penwythnos o ddathliadau yn Chwilog yn nechrau Hydref i gyfateb â dyddiad geni T. Llew Jones. Paratowyd arddangosfa o waith celf disgyblion ysgol Chwilog a fu'n gweithio ar y cyd a'r arlunydd Catrin Williams. Ar y Sadwrn gwisgodd plant ysgolion Gwynedd fel sipsiwn, môr-ladron a lladron pen-ffordd a daeth camerâu'r cyfryngau yno i'w ffilmio. Ar y Sul cynhaliwyd oedfa arbennig i ddiolch am fywyd a gwaith T. Llew Jones o dan ofal y Parchedig Aled Davies ac fe'i recordiwyd ar gyfer rhaglen radio *Oedfa'r Bore* ar Radio Cymru. Cymerwyd rhan gan blant yr ysgol a'r ardal a chafwyd cyfraniadau gan Myrddin ap Dafydd, y prifathro Edward Elias a Menna Lloyd Williams o'r Cyngor Llyfrau. Teithiodd nifer o ffrindiau a pherthnasau o Geredigion i'r gogledd er mwyn bod yn rhan o'r achlysur.

Lledodd y brwdfrydedd dros Gymru gyfan. Cydiodd y Cyngor Llyfrau yn y syniad. Yn nechrau Mawrth, ar Ddiwrnod y Llyfr, cyhoeddwyd yn swyddogol y byddai 11 Hydref, dyddiad ei ben-blwydd, yn cael ei glustnodi fel diwrnod i gofio T. Llew Jones. Y bwriad oedd annog ysgolion, llyfrgelloedd a sefydliadau addysgol eraill i gynnal bwrlwm o weithgareddau a fyddai'n seiliedig ar ei nofelau a'i gerddi a rhagwelwyd trefnu sesiynau creu mewn llên a chelf dan ofal beirdd, llenorion ac artistiaid profiadol. Yn ogystal, byddai'n ddiwrnod o hwyl gyda'r plant yn cael cyfle i wisgo lan fel rhai o gymeriadau lliwgar y nofelau. Cydlynwyd y cyfan gan Menna Lloyd Williams, Pennaeth Adran Llyfrau Plant y Cyngor Llyfrau. Ychwanegodd: 'Pa ffordd well i gofio am frenin ein llyfrau plant, ac yn sicr fe fyddai T. Llew wrth ei fodd yng nghanol y dathlu.' Ategwyd hyn gan y ddau fab, Emyr a Iolo, a theimlent yn falch fod eu tad yn cael ei gofio yn y fath fodd creadigol.

Yr oedd Cyngor Sir Ceredigion hefyd yn awyddus i fod yn rhan o'r gweithgarwch a galwyd swyddogion amryw o sefydliadau, mudiadau a chymdeithasau'r sir ynghyd i drafod y mater. O dan gadeiryddiaeth Owenna Davies, swyddog addysg a chyn-ddisgybl i T. Llew Jones yng Nghoed-y-bryn, penderfynwyd sefydlu Cronfa Goffa. Y nod fyddai cefnogi gwaith sy'n hybu gweithgareddau creadigol, llenyddol a diwylliannol trwy gyfrwng y Gymraeg. Gallai hyn drefnu gweithdai i blant, pobl ifanc ac oedolion a hefyd gefnogi awduron ac artistiaid yn uniongyrchol. Cynhaliwyd y sesiynau cyntaf ym Mhentre Bach Sali Mali ym Mlaenpennal, lle gwahoddwyd plant ysgolion uwchradd Ceredigion i gael hyfforddiant mewn barddoni a llenydda yng nghwmni Ceri Wyn Jones, Tudur Dylan Jones, Caryl Lewis, Eurig Salisbury ac Angharad Tomos. Wedi'r tridiau yr oedd ganddynt ddigon o ddeunydd i gyhoeddi cyfrol a lansiwyd hi o dan y teitl *Creu Cof* fel rhan o ddathliadau 11 Hydref yng Ngwersyll yr Urdd, Llangrannog.

Bernid bod dros dair mil ar ddeg o blant wedi cymryd rhan yng ngweithgareddau'r Diwrnod T. Llew Jones cyntaf yn 2009. Diolch i blant Chwilog am ddechrau gwthio'r gaseg eira.

Fel y dywedwyd yn y dechrau, bro'r ysbryd anturus oedd bro T. Llew. 'Tua'r gorllewin' oedd ei anogaeth. Yno, dros Bont-dŵr bach, mae byd o ryfeddodau a than yr eithin mae cawg o aur.

Hon hefyd yw bro'r machludoedd gogoneddus, â'r lliwiau'n cyfoethogi wrth i'r haul dynnu am linell y gorwel. Heddiw, wrth i iaith a ffordd o fyw gael eu graddol wthio dros y clogwyn i'r môr, mae'r golygfeydd yn y gorllewin ar eu gwychaf – a'u creulonaf hefyd. Felly, os am brofi o hud y machlud hwn, peidiwch â gohirio eich ymweliad â bro dychymyg T. Llew yn ormodol. Rhag ofn!

Penillion y Plant 1965
Cerddi gwlad + ysgol
Hwtr siân + Jolo
Hyfran Daflen newydd 1965-8) Cerdd
Cerddi newydd i blant 1973) '79 (gol.)
PENILLION Y PLANT 1990
Sŵn y malu 1967
Canu'n Iach 1987

RIP ABERFAN { 116 plant
28 oedolyn

Geiriau a Gerais (90 oed) 2001

Tait Evan
Mamgu Bryn melyn (top) b.f. 86 oed

James Jones (gwehydd) (marw 1936 yn 40 oed) = Annie Mary Jones (1896-1970) + 7 arall

T Llew ← 10 → Edwin Sieffre ← 8 → Myfanwy Edna = Jeremy
(11/10/15 - 9/1/2009)
= Marged Gridwen (merch Wil Gittes Wen) (1911-2002)

Berwin Mair Emyr   David Anne
                        ↓
                   T wyr/wyres

Gwyn   Jolo

Guto Llywelyn Owen Llywelyn → Nia = Griffiths
= Catrin   = Dwynwen

                    Gwenno Rhian Iwan Griffiths

Mair Dafydd

Hyfau fn mhlentyndod - Kate Davies